超实用的

电商财税200问

春戈财税 | 编著

图书在版编目(CIP)数据

超实用的电商财税200问/春戈财税编著.—成都:西南财经大学出版社,2024.4
ISBN 978-7-5504-6137-6

Ⅰ.①超… Ⅱ.①春… Ⅲ.①电子商务—财务管理—问题解答②电子商务—税收管理—问题解答 Ⅳ.①F713.36-44②F812.423-44

中国国家版本馆CIP数据核字(2024)第062704号

超实用的电商财税200问

CHAOSHIYONG DE DIANSHANGCAISHUI 200WEN

春戈财税 编著

策划编辑:何春梅
责任编辑:李 才
助理编辑:陈进栩
责任校对:邓嘉玲
封面设计:何东琳设计工作室
责任印制:朱曼丽

出版发行	西南财经大学出版社(四川省成都市光华村街55号)
网 址	http://cbs.swufe.edu.cn
电子邮件	bookcj@swufe.edu.cn
邮政编码	610074
电 话	028-87353785
照 排	四川胜翔数码印务设计有限公司
印 刷	四川煤田地质制图印务有限责任公司
成品尺寸	170mm×240mm
印 张	14.75
字 数	206千字
版 次	2024年4月第1版
印 次	2024年4月第1次印刷
印 数	1—4000册
书 号	ISBN 978-7-5504-6137-6
定 价	58.00元

前言

我们团队给近 3 000 个电商卖家做了 7 年咨询服务，其中就包括了基于财税合规的整体企业管理咨询。最初我们只服务年销售额过亿元的 KA 商家[①]，后来为了扩大客户群，也为了将电商财税方面的知识分享给更多的卖家，加上抖音的兴起，我们便开始录制短视频，解答客户的问题。截至 2023 年年底，我们已经录制了接近 2 000 条涉及电商财税合规的短视频，但依然还有很多卖家对财务和税务的合规性知识缺乏深入的理解。因此，我们团队精心筛选了 200 个常见的问题，通过系统梳理，用通俗易懂的语言，撰写成这本《超实用的电商财税 200 问》。

本书中的一案一例直指税筹实战之需，一招一法细描税筹分析之路，期待能帮助大家合理降低企业的税负支出，依法纳税。本书共分为九部分，首先从主体变更说起。很多读者就有些纳闷了：这本书不是主要讲税筹、合规的知识吗？为啥开头就用 17 个问题来讲“主体变更”的知识呢？笔者在此跟大家交代一下：这是因为我们讲的税筹方案、解决方法，必须基于电商行业的业务模式以及平台规则，脱离这些则无法开展。接着跟大家分别讲述企业常见的 3 大税种问题、资金流向问题、发票问题、税务风险问题、账务处理问题、电商企业相关事项及政策、税费申报及

① KA 商家，即 Key Account 商家，在淘宝等平台上，是指平台官方认定的具备一定实力和条件的品牌或企业。

工资社保问题，以及财务的选择指标、股权问题。

我们希望这本书能够帮助到各类朋友：

电商企业老板，可以了解基础财税知识，规避企业的涉税风险。

专业财务人员，可以了解电商业务形态，提高解决企业财税问题的能力。

相关行业人员，能够通过此书了解电商财税的风险与合规方法，了解电商行业的现状。

最后，本书是春戈财税团队集体智慧的结晶，要感谢团队所有的税务师和会计师的付出，他们是：晓书（张影）、竹清（熊静玲）、娜米（黄赐瑜）、朱迪（潘燕妤）、爱洛（李雅）、杰瑞（陈泊潜）、桔梗（余燕燕）、泽北（李健）。

春戈财税

2023 年 11 月底

咨询答疑，请扫码！

欢迎关注春戈财税抖音/小红书/视频号：

春戈讲电商财税

电商财税课

目录

第一部分
主体变更相关问题

1. 天猫店铺主体变更的流程是什么?

潘老板听说天猫店铺可以进行主体变更，很想了解：“主体变更有什么流程?”

主体变更是指将天猫店铺所绑定的公司由A公司变为B公司的过程。目前，只有经营时间超过半年的旗舰店或专卖店才能进行主体变更。新主体必须满足天猫平台入驻的同等要求，如一般纳税人资格等。

执行主体变更操作请遵循以下步骤：

(1) 登录“卖家中心”。

(2) 在“卖家中心”中找到并点击“店铺管理”选项。

(3) 在“店铺管理”页面下，选择“品牌和类目管理”选项。

(4) 在右侧栏中找到“我的资质管理”，然后找到“店铺经营主体变更”选项。

(5) 根据系统提示提交所需资料，并按照系统的指引完成后续流程。

请注意，此过程需要严格按照天猫平台的规定和指导来进行，以确保顺利完成主体变更。

2. 京东店铺和拼多多店铺可以做主体变更吗?

在京东和拼多多开店的老板们问:“京东、拼多多平台的店铺可以做主体变更吗?”

答案是:可以变更。很多人只知道淘宝和天猫可以进行主体变更,但不知道京东和拼多多也支持这一操作。拼多多是有公开的主体变更入口的。与天猫不同的是,拼多多在申请变更到变更成功期间,需要暂停推广活动,并且整个变更过程需要 7 天至 15 天的时间,这让许多商家担忧,他们担心暂停推广会导致店铺业务量下降。因此我建议店主评估权衡效果后再进行操作。

京东目前是没有公开的主体变更入口的,店主需要联系小二开通。另外,主体变更前需要使用新主体在京东上开设这一新店,但不用支付费用。这样做主要是为了方便京东系统获取新主体的信息,为后续的主体变更流程做准备。

对于那些规模较大或者担心税务风险的店铺来说,进行主体变更同时妥善处理原主体的注销手续是一种应对风险的有效手段。

3. 主体变更无关联和有关联的变更有什么区别?

有个开天猫店近期准备做主体变更的会员有个疑问："主体变更无关联和有关联有什么区别?"

在进行主体变更时，先要明确是进行有关联的变更还是进行无关联的变更。为了更好地理解两者之间的区别，请注意以下几点。

有关联与无关联的区别：所谓有没有关联，实际上是指新旧主体股东和法定代表人是否相同。具体来说，如果相同的股东持股超过 51%，则视为有关联；反之，则视为无关联。而平台的变更规则通常要求有相同的控制人。

如何进行无关联变更？有两种方法可以实现无关联变更。第一种是通过星级服务商旗下的公司进行变更，即由代运营公司处理。第二种方法是通过平台认可的律师事务所出具的同一实际控制人的证明。

如何避免历史风险？需要注意的是不要在同一地区进行主体变更。建议通过跨地区或进行无关联变更以避免可能的联合调查。

请根据具体情况权衡这两种变更方式，并遵循相应的程序和规定。

4. 天猫店铺主体变更，是用新公司还是用旧公司作为接收主体更好呢？

有个天猫旗舰店店主有个疑问：“主体变更建议用新公司还是用旧公司作为接收的主体呢？”

答案是：“建议用新公司。”天猫店铺主体变更是一种常见的操作，其目的是解决风险问题，特别是历史税务问题。现在我们来探讨一下使用新公司或旧公司接手店铺的问题。在实际操作中，客户经常会遇到这样的情况：他们有一家公司已经成立好几年了，现在想要接手一个店铺，但不清楚是购买朋友的公司作为主体变更的目标还是单独成立一家新的公司作为主体变更的目标更好。接下来我们将对这两种选择进行分析。

首先，使用旧公司可能会带来一些历史风险。如果您直接购买了一家公司，并且无法确切知道这家公司过去从事过哪些业务，即使转让方声称之前没有开展任何业务，这家旧公司也可能会存在其他隐藏的风险，如以前签订的历史条款和合同，在转让公司时可能不会被发现。

其次，如果选择使用旧公司，那么最好选择没有经营过的。然而，这并不意味着可以忽视纳税申报。无论公司是否有业务发生，都必须按照规定进行申报。如果没有收入，可以做零申报。否则，该公司可能会出现异常情况，并引发潜在问题。

最后，从风险控制的角度来看，新公司是更好的选择。如果面临查税，审查通常从新公司成立时间开始，而不会追溯到更早的时间。此外，当您将店铺主体变更为新公司时，支付宝记录也会从绑定新公司那一刻开始存在。虽然订单记录一直都存在，但支付记录是从绑定新公司后才开始有的。

综上所述，无论是选择旧公司还是选择新公司都可以进行主体变更，关键在于解决什么问题。相对而言，更建议选择新公司，因为它风险相对较低，并且能够更好地规避一些潜在风险。

5. 天猫店铺的主体公司变成小规模纳税人有什么要求？

有个天猫商家有个疑问："店铺主体公司变更成小规模有什么要求？"

将店铺主体变更为小规模纳税人，必须满足以下四个条件：

（1）店铺经营时间满半年。

（2）店铺不处在违规处罚状态。

（3）新老主体都不在异常名录内。

（4）店铺有主体变更的入口。

部分天猫店铺类目允许使用小规模纳税人的主体，如鲜花速递、特色手工艺、图书、服务大类、水产肉类和家居饰品等。对于这些类目，企业可以自行进行主体变更，但需注意无关联变更除外。若您的店铺不属于这些类目，但仍希望进行类似变更。在此情况下，您需要满足特定条件才能将一般纳税人主体变更为小规模纳税人主体。

6. 什么时候做主体变更最合适?

一个在杭州卖女装的电商老板有个疑问:“主体变更什么时候最合适?”

我说这个视情况而定,要从三个方面来理解。

首先,我们需要明确变更的目的是什么。目的可能是为了规避一些风险,但这个过程中我们应尽可能避免对生意的消极影响。

其次,主体变更可能会对某些方面产生影响。虽然正常的交易不受影响,但企业信用相关的内容,如花呗、信用卡支付、提前收款和淘宝贷款等可能会在一定程度上受到影响。

最后,关于变更的时间选择。我建议在大促活动结束后进行,例如“双11”之后。这个时候对经营的影响较小。另外,也可以考虑在春节放假之前,但要注意不要在最后一刻才提交申请。因为平台工作人员需要放假,如果在工作人员放假前的最后一刻提交申请,由于他们在假期期间无法审核,那么店家在春节期间的经营可能会受到影响。因此,在这里,提醒各位店主:一是在完成淘宝贷款过户后,不要立即更改其中的企业资料或联系方式,特别是手机号码。二是不要频繁查看企业资料或联系方式等信息,因为频繁查看这些信息不仅不会增加额度,反而可能导致长时间无法获得额度。一个简单的逻辑是,如果店主经常查看这些信息,平台可能会认为店铺处在资金短缺的状态。

7. 拼多多店铺主体变更怎么操作?

有个在拼多多上做店群的商家有个疑问："拼多多店铺能变更吗？怎么操作?"

答案是：拼多多上的店铺可以进行主体变更，目前后台已经公开了变更入口。然而，要想通过这个入口进行变更，需要满足所有校验条件。这些条件相当苛刻，并且在变更过程中必须暂停推广和参加活动。如果没有找到这个入口，可以尝试联系管理您所在行业的拼多多小二，请求小二协助走内部流程。

当小二同意帮助店家进行主体变更时，首先需要填写一份名为"店铺主体变更申请表"的表格。在这份表格中，需要提供原公司和新公司的名称、地址、社会信用代码以及店铺的名称和 ID 等信息。需要注意的是，如果两家公司的股东和法人代表相同，就无法直接在线上进行变更。还需要线下操作，店家需要将填写好的表格打印盖章，扫描成图片发送给小二。

在填写申请表的过程中，小二可能会询问店铺变更的理由。此时，店家应当如实回答，比如为了解决税务问题或企业管理问题。真实的情况通常是最有说服力的。

对于某些店铺，如果拼多多不愿意帮助其进行主体变更，而店主又觉得风险较大，那么就涉及是否关闭店铺的问题了。总之，了解这一流程的存在可以帮助店家更好地应对店铺变更，而能否成功进行主体变更则取决于店铺在行业中的地位。如果店铺的地位较高，通常能够顺利进行变更。

8. 天猫店铺主体变更要多长时间？会影响正常经营吗？

一个天猫店铺的店主有个疑问：“天猫店铺主体变更需要多长时间，变更期间，会不会影响店铺的正常经营？”

主体变更的整个过程通常可以分为五个阶段：提交变更资料、等待审核、公示期、确认信息和执行变更，以及变更成功。根据我的经验，这个过程大约需要 7 天到 15 天的时间。

这一过程中变更不会影响店铺的正常运营，即使是在公示期内的 15 天内。即使在确认信息和执行变更时可能会有短暂的影响，但通常也会迅速消除，因此对店铺交易的影响几乎可以忽略不计。

主体变更是否会产生费用？答案是：不收费。只要符合相关规定，商家可以自行完成主体变更，无须支付额外费用。

在完成主体变更后，可能带来的主要影响如下：涉及企业信用的部分可能会暂停使用一周至两周，如花呗、信用卡付款功能，以及淘宝贷款等服务。

不同店铺的恢复时间会有所不同。一般来说，店铺业绩越好，恢复的速度就越快。

综上所述，在电商征税的大背景下，建议商家至少准备一个适合做主体变更且能够降低税负的合规公司，这样一旦遇到问题，也能有备无患。

9. 店铺主体变更后原数据还在，风险如何规避？

有个刚刚做完主体变更的店主有个疑问：“店铺主体变更完成了，数据还在，如何规避风险？”

答案是：如果只是简单地变更一下主体，数据没有消除，那么风险依然存在。如果要避免风险，至少要做以下两件事情。

第一，签订一份店铺买卖协议。协议明确约定之前的税务风险由原有公司承担，原有公司已经履行了依法纳税的义务。哪怕两家公司都是自己的，也得这么签，因为从法律角度，两家公司就是两个法人代表，而店主只是两家公司的共同股东而已，所承担的法律责任是完全不同的。

第二，一定要把原有公司注销掉。公司的拥有知识产权的产品可以转让到新公司或者专门用来持有知识产权但经营业务少的公司名下。

总之，这两步要同时做完，否则，风险依然是存在的。

10. 淘宝天猫主体变更后，还能保留旧公司吗？

有个年销售额过亿元的电商老板有个疑问：“主体变更后，还能保留旧公司吗？”

答案是：“在进行主体变更后，旧的主体是可以保留的，但并不建议这样做。”

主要有以下三个原因：

（1）主体变更完成后，尽管可以保留原有的主体，但必须考虑其是否存在重大的税务风险。如果不进行清税注销，店铺可能会面临补税罚款的风险。在这种情况下，建议办理注销手续。

（2）在新的主体成为店铺绑定的公司后，店铺的公示信息和提现的公司将与新的主体相关联，而旧主体将不再发挥作用。除影响淘宝贷款和花呗信用卡付款外，旧主体对其他业务不会产生任何影响。

（3）如果您决定保留旧主体，切记不要用它作为新公司的股东。否则，一旦出现问题，两个主体将会被一起调查，这会增加税务风险。

综上所述，是否保留旧主体取决于您的风险承受能力。请根据自己的实际情况谨慎做出决策。

11. 公司跨城市迁移，会影响淘宝天猫店铺权重吗？

有个卖红木家具的电商老板近期有个疑问是关于店铺迁移主体的问题。他的店铺是一家专营店，打算跨城市进行迁移并变更主体以规避之前的税务风险。他对公司经城市迁移是否会影响店铺权重表示担忧。

实际上，只要注意以下几点，就不会对店铺权重产生影响。

在迁入新的城市之前，首先要进行的一步是了解清楚当地的规则和要求，特别是涉及前置审批事项的规定。这一步至关重要，因为如果在没有了解清楚这些规定的情况下将公司迁出，可能会导致其无法顺利迁入新城市。

在迁出原城市时，必须完成清税手续。需要注意的是，清税并非易事，需要确认是否有潜在的补税规定。

为了确保流程的顺畅，建议迁出迁入过程尽量控制在 10 个工作日内完成，并且在完成迁移后立即在店铺后台更新营业执照等信息。这可以避免产品和店铺被冻结或下架。

总的来说，跨城市迁移的最大风险在于能否迅速完成迁移过程，并且不会对店铺的权重造成负面影响。因此，在实施迁移计划时，应遵循上述注意事项，确保整个迁移过程的顺利进行。

12. 天猫店铺可以通过主体变更去规避税收风险吗?

有个在杭州打拼多年的电商老板有个疑问:“可以通过主体变更去规避税收风险吗?”

答案是:可以采取一些措施来规避购买天猫店铺时的税务风险。

以下两种情况可以作为参考:

如果您只购买一个天猫店铺而不购买与其绑定的公司,那么这个交易将被视为购买了一个“店铺”这一商品。这样操作后,以往的税务风险可以得到一定程度的减少。不过需要注意的是,在天猫主体变更的过程中,可能需要运用一些技巧以确保合规。

如果新旧公司都由您控制,那么可以通过将店铺主体变更为新公司,并随后注销老公司来进行风险规避。在注销老主体之前,请务必做好清税处理,这有助于降低以前的税务风险。

尽管这些策略可以帮助企业在短期内减少风险,但从长期来看,电商企业应致力于制定良好的业务规划,以避免因税务问题给企业带来重大影响。自 2019 年 1 月 1 日《中华人民共和国电子商务法》正式施行后,该法规致力于规范电子商务经营者的纳税行为,这意味着电商行业将在未来逐步走向合规。因此,企业应积极适应这一趋势,确保自身的经营活动符合相关法律法规。

13. 买家公司来做主体变更要注意什么问题?

有个开抖音小店的老板近期有个新打算：他知道店铺能做主体变更，但自己却没有接手的新公司，想着买家公司来做。他想了解，买家公司来做主体变更有什么要特别注意的地方。

有三大风险一定要注意规避。

（1）检查新公司的税务状况：确保该公司已正常申报纳税，并能提供清税证明。需要核实该公司的经营情况，包括是否已经缴纳了应缴的税费，如果没有经营，也需要确认是否进行了零申报。否则，一旦股东或法定代表人发生变化，无论是过去还是未来的风险，都将由持有者承担。

（2）仔细交接公司印章和合同章：购买公司最担心的就是潜在风险，如公司是否在借款、是否欠供应商的钱等。因此，在交接过程中，必须录制视频，记录双方交接的过程，并在合同中加入交接清单附件，要求原法定代表人在上面盖章签字。然后立即在所有公章和合同章上轻划几道细痕，并在转让合同中明确店铺的债权债务的责任划分。这样，只有具有这些痕迹的协议和合同才与您有关，以此区分责任归属。

（3）避免在同一地区、同一实际控制人名下进行主体变更：因为这种情况下，两家公司归属于同一个税务局和税管员，容易引发联查。根据税法规定，税务机关有权无限期追查税收问题。因此，建议选择在不同地区注册新公司，或者更换股东和法定代表人来避免产生关联性，以降低风险。

14. 店铺主体换公司，历史记录都在，怎么办？

有位电商卖家有个疑问：“店铺主体换公司，历史记录都在，怎么办？”

在电商领域，淘宝和天猫店铺的主体变更已经成为一种常见的商业行为。然而，许多商家在进行主体变更后，对之前交易数据的留存表示担忧。从严格意义上讲，这种担忧并非没有道理，因为新旧主体本质上都是由同一控制人所有。根据我们接触的企业案例来看，大部分地方税务局通常会关注支付宝的成交数据，因此，支付宝的成交数据可以被视为新公司开始运营的时间节点。基于这一情况，建议新旧两家公司在注册地址上保持一定的差异，甚至不要所属同一个实际控制人。因为如果两家公司注册在同一地区，税务局可能会同时审查这两家公司，从而增加潜在的风险。而如果注册在不同地区，则一般情况下不会被深入调查。

为了应对可能的风险，无论您认为是否存在风险，都应当在其他地方预先准备一家公司。这样，在遇到问题或面临严格审查时，您可以有足够的时间将店铺转移到新的主体公司，确保店铺能够正常运营。此外，需要注意的是，主体变更过程通常需要 7—15 天左右。因此，旧主体在完成变更后应及时清算并注销，新旧公司之间还应签订一份店铺买卖协议，并在这份协议中明确约定关于过去税务风险的责任归属问题。如果没有这样的约定，很多主体变更的操作可能无法达到预期的效果。

15. 天猫店铺主体变更需要注意什么?

有卖健身产品的天猫店主有个疑问：“天猫店铺主体变更需要注意什么?”

在当前的电子商务环境中，许多天猫店铺商家考虑将店铺的所有权从A公司转移至B公司名下进行主体变更。然而，在执行这一操作时，若未能妥善处理以下三个核心问题，即使原公司已注销，仍可能面临税务风险。

首先，转让过程中必须签署一份详尽且具有法律效力的协议，明确将天猫店铺视为一项商品或资产进行交易，并在协议中明确规定有关税务责任划分的具体条款。买卖双方需按照协议约定的价格完成转账并幵具合法发票，同时确保定价公允合理，以避免引起不必要的税务争议。尽管店铺主体变更是遵循电商平台的规定，但若忽视了这些关键环节，即便原主体公司注销，税务机关仍有权对其进行追溯调查。

其次，为了降低因跨地区税务局联查而带来的风险，建议新旧公司的注册地址尽量不选择在同一行政区域。一种策略是先将原主体公司的注册地迁移到同一城市的不同区，然后将新主体公司的注册地设定为当前实际办公地址。这样一来，两家公司在不同的行政区划内，被同一家税务局同时稽查的可能性会大大降低。

最后，企业在进行主体变更时，务必严格遵守天猫平台的相关规定。目前，多地税务局系统已与天猫平台实现数据对接，在审核期间，天猫可以核查新主体公司是否具备一般纳税人的资质。由于部分天猫类目要求商家必须是一般纳税人，若新主体公司为小规模纳税人，则可能会在审核阶段遭遇阻碍。虽然过去已经成功变更的企业不受此影响，但对于新的变更申请，一旦相关数据同步至地方税务局系统并接受再次审核时，若新主体公司的资质不符合天猫要求，则可能导致变更无法通过。

因此，在实施天猫店铺主体变更的过程中，企业务必要审慎对待每个细节，充分考虑税务因素的影响，并根据实际情况，如有必要，可选择使用其他地区符合资质条件的公司作为变更后的主体，从而有效规避潜在的风险和应对风险带来的额外的时间成本、人力成本支出。

16. 店铺主体从丈夫的公司变为妻子的公司有用吗?

最近，主体变更在商业领域引起了广泛的关注。许多电商卖家开始担忧历史风险可能带来的影响，并积极寻求解决方案。

有个电商卖家就提出了一个疑问：“将店铺的主体从其丈夫名下的公司变更为妻子名下的公司，这样是否可以规避涉税风险?”

针对这个问题，我们需要深入理解以下三个关键要点。

首先，主体变更是电商平台的规定，并非税务局的规定。例如，在淘宝、天猫可以直接进行主体变更，而京东和拼多多平台则有内部的变更规则，唯品会目前尚未开放此功能。这些平台规则背后的基本逻辑是新旧主体必须具有相同的控制人或经营实体。然而，税务局并不承认这些规则，除非涉及的是完全不相关人的买卖关系。

其次，根据我国税法的规定，税务机关有权无限期地追究税收责任，通常情况下会审查 3—5 年的记录。除了对登记的法定代表人进行调查外，税务机关还会关注最后的实际控制人。因此，试图通过主体变更来逃税是不可能的，只能尽量避免一些不必要的风险。

最后，夫妻股东通常是无法有效区隔风险的利益共同体。在只有夫妻二人作为股东的公司中，由于共同财产出资，最高人民法院在某些案例中将此类夫妻公司视同实质意义上的一人有限公司，需要承担无限连带责任。因此，将公司主体从丈夫名下变更为妻子名下，本质上并没有改变实际控制人，无法彻底规避风险，这种做法实际上作用有限。

17. 天猫店铺主体变更会影响交易吗?

有个卖猫粮的天猫商家有个疑问:“天猫店铺主体变更会影响交易吗?”

答案是:“主体变更对店铺的正常成交是不会有任何影响的，日常成交正常做。”但以下三个方面是会有些影响的。

（1）活动参与限制：在进行主体变更操作时，店铺不能参加S级大型促销活动（如618、双11等），以及正在进行中的聚划算和淘抢购活动。若店铺正在参与聚划算活动，可以在提交变更资料并审核通过后30天内的任意非活动时段进行主体变更。

（2）和企业信用相关的如淘宝贷款、信用卡、花呗等都会受到一定的影响。花呗和信用卡一般一周左右能正常使用，淘宝贷款就得根据店铺的情况。店铺要是补单比较多的，时间就会比较长；日常经营比较好的，就恢复得比较快。

（3）商标需要重新做授权。不管您的商标是在老主体上还是其他第三方公司上，变更主体后就需要重新做授权。双方签订授权协议并盖章后，建议商标在后续转让的时候，不要转移到新主体上，而是放到一个单独主体上去持有商标，这样如果后续还会变更的话，会更方便。

其实很多人心中都有个疑惑：通过主体变更可以规避历史的风险问题吗？绝大部分情况下，通过“变更+老主体注销”的方式是可以规避的。变更后老的支付宝也可以去注销。所以从规避历史的风险上来看主体变更是好用，也是值得大家去用的一个方法。无论是不同股东及法定代表人的变更还是一般纳税人变更成小规模纳税人的公司，都是有办法可以实现的。

第二部分

企业常见 3 大税种

18. 电商企业增值税如何合规？

有个在淘宝开零食店的店家有个疑问：“电商企业增值税应该如何合规？”

在商品和服务的流转过程中，增值税是一种按照增值额计算和缴纳的重要税种。对于电商企业来说，获取成本费用类的进项发票是一个常见的挑战，特别是当主体为一般纳税人时。为了抵扣进项税额，这些企业必须确保从供应商那里获得货款发票，并且妥善处理天猫平台扣点、直通车、钻展、超级推荐等推广费发票。

然而，如果电商企业是小规模纳税人，则可以充分利用国家提供的优惠政策。例如，在 2023 年 1 月 1 日至 2027 年 12 月 31 日期间，增值税小规模纳税人的应税销售收入若适用 3%的征收率，可减按 1%的征收率进行实际征收。

为了进一步优化税收规划，企业可以考虑在享有税收优惠的园区设立分公司，并通过这种方式向客户开具发票。许多此类园区提供了大约 30%的返税比例，为企业节省了相当一部分税收支出。

通过这种系统性的业务规划，电商企业不仅可以确保合规纳税，还可以有效地减轻税收负担，从而提升企业的盈利能力。然而，在实施这些策略的过程中，企业必须严格遵守所有相关的法律法规，并积极咨询税务专家以避免潜在的风险。只有这样，企业才能在享受税收优惠政策的同时，保持其财务状况的健康与稳定。

19. 天猫店铺不是小规模纳税人，怎么缴税？

有个开天猫店的店主有个疑问："对于年销售额在100万元左右的天猫店铺来说，如果不能从一般纳税人变更为小规模纳税人，应该怎么交税？"

答案是：如果不是小规模纳税，应按照一般纳税人的核算方式来计算增值税。

这种情况下，企业需了解并遵循一般纳税人和小规模纳税人在增值税上的主要区别。

第一，一般纳税人采用购进抵扣法来抵减销项税额。这意味着企业的实际增值税负担取决于收到的可抵扣专用发票的数额。如果企业能获取较多的增值税专用发票进行抵扣，那么需要缴纳的增值税可能会相对较少。

第二，小规模纳税人无论是否收到增值税专用发票，都不能抵扣进项税额。它们是直接根据销售额来计算增值税，并且连续12个月累计销售额不能超过500万元。因此，对于年销售额在100万元左右的电商企业，建议考虑变更为小规模纳税人，这样可以显著降低税收负担。

假设该企业在没有取得任何进项发票的情况下，作为一般纳税人，其增值税需按照销售额为计税依据，按13%的税率缴纳。而在转变为小规模纳税人后，若适用的征收率是3%，则相应的增值税负担将大幅减少。

总之，在当前法规下，年销售额在100万元左右的天猫店铺如果无法转为小规模纳税人，则应当按照一般纳税人的标准缴纳税款。然而，为了减轻税收负担，企业应积极寻求合法途径获取更多可抵扣的增值税专用发票，并密切关注相关政策变化，以便适时调整自身的纳税人身份。

20. 直播带货怎么合理交税?

随着直播的普及，越来越多的企业和个人涉足直播带货行业。有个在抖音和快手平台做直播带货的粉丝提问：“如何合理交税?”

建议可以从三个方面去思考。

首先，企业应避免涉及货物的所有权。如果企业只提供带货服务而无货物所有权，那么按照增值税一般纳税人标准，其服务费税率是6%。然而，一旦涉及货物所有权，适用的增值税税率则为13%，且需要采取购进抵扣法计算增值税。此外，如果没有足够的增值税专用发票进行抵扣，加上25%的企业所得税和附加税，企业可能需要缴纳接近销售额40%的税款，这甚至超过企业的毛利润。因此，对于直播带货行业来说，不涉足货物所有权并仅提供带货服务更为明智。

其次，企业应谨慎对待个人所得税。在直播带货行业中，许多主播因个人所得税问题受到罚款。为了避免陷入类似困境，这里建议企业不分红，将利润留存企业内部。即使有分红需求，也应在企业规模扩大或准备上市时突击分红，如农夫山泉的做法。除非完全按照工资薪金标准缴纳45%的个税，否则不要轻易给自己分红或进行变相的操作。

最后，主播必须严格遵守税收法规，切勿试图偷税漏税。目前，政府对直播带货行业加强了监管，尤其是在税收方面。因此，直播带货行业的从业者应坚决杜绝任何形式的偷税漏税行为，确保合规经营。

21. 为什么要高度重视增值税?

有很多会员在培训现场问过这个问题:“为什么要高度重视增值税?”

我的回答是:增值税是我国税收体系中的重要组成部分,拥有举足轻重的地位。因此,企业在经营过程中必须严格遵守相关法律法规,避免涉及虚开发票和买卖发票等违法行为。

以下从几个方面来分析此类行为的严重性。

首先,增值税在我国税收总额中占据了相当大的比例,约为总税收的三分之一。这表明增值税对于国家财政收入的重要性不容忽视。我国共有 18 个税种,而增值税在其中占据了主导地位,因此企业应充分认识到其对整体税收的影响。

其次,虚开发票和买卖发票是严重的违法行为,会受到法律的严厉惩罚。特别是虚开增值税专用发票,这是法律明文禁止的行为,一旦触犯刑法,将面临刑事责任。因此,企业应尽量避免此类风险,千万不要触碰法律红线。

最后,增值税的运行机制是一环扣一环的,作为一般纳税人,收到的增值税专用发票需要进行认证抵扣。如果上游环节出现问题,税务机关可以通过增值税链条追溯到下游的企业。在这种情况下,涉及违法发票的进项税额需要做转出处理,并且需要调整以前年度的应纳税所得额,补缴企业所得税。此外,由于买卖发票行为具有高度不确定性,企业很难预知哪个环节会出现问题,因此,企业必须坚决杜绝此类行为的发生。

综上所述,企业应当高度重视增值税的合规性,遵循相关法律法规,以确保企业的稳健运营和发展。

22. 买一赠一活动，增值税销项税额应该怎么计算呢?

很多电商商家，为了提高店铺销售量，通常会采用多种促销方式来吸引顾客。其中，“买一赠一”的销售模式是一种常见的策略。

有一位在拼多多开店的店主，趁着双十一想搞“买一赠一”的活动，不知道应该交多少税？怎么计算？

这种模式下，购买一件商品可以获得另一件商品作为赠品。然而，在计算增值税销项税额时，不同的开票方式会导致不同的结果。下面我们将通过一个例子来详细解释三种不同开票方式对增值税销项税额的影响。

假设一家网上服装店正在进行“买一赠一”活动，当顾客购买一件价格（不含税）为 500 元的衣服时，可以免费获得一条价格（不含税）为 100 元的裤子。该店适用的增值税税率为 13%。以下是三种开票方式及其对应的增值税销项税额计算方法。

场景一：衣服和裤子开在同一张发票上，并在金额栏分别注明衣服的价格为 500 元，裤子的价格为 100 元，折扣额为 100 元。

在这种情况下，增值税销项税额=（500+100−100）×13%=65（元）。

场景二：如果只是在发票备注栏中注明裤子为赠品，相当于视同销售。

此时，增值税销项税额=（500+100）×13%=78（元）。

场景三：衣服和裤子都开在同一张发票上，并按照商品销售额的公允价值比例来分别计算各自的销售金额。因此，衣服的销售金额=500/600×500=416.67（元），裤子的销售金额=100/600×500=83.33（元）。

在这种情况下，增值税销项税额=（416.67+83.33）×13%=65（元）。

从上述例子可以看出，对于“买一赠一”的销售模式，将赠品金额体现在发票金额栏或按照两者售价的比例分摊实际收到的货款，相比直接在发票备注栏注明赠送，可以少交部分增值税。因此，在实施此类促销活动时，电商企业需要根据实际情况选择最合适的开票方式，以减轻税收负担。

23. 哪些企业不用缴纳企业所得税？

有个准备在小红书上开店的朋友有个疑问："哪些企业不用交企业所得税？"

根据我国的税法，有3种组织形式是不用交企业所得税的。

第一种是个体工商户。个体工商户严格意义上不算企业，其是小店最常用的组织形式，特别适合淘宝年营业额500万以下的小店使用。

第二种是个人独资企业。很多的明星和网红都喜欢注册的企业类型，一般都是以"工作室"结尾。适合年营业额500万以上的店铺使用。

第三种是合伙企业。从名称上就可以看出，因为名称是以"有限合伙"结尾，特别适合用来做店群企业的员工持股。

上述这三种企业都不需要缴纳企业所得税。另外，个体工商户在很多园区还可以核定征收，国家出台了《促进个体工商户发展条例》的政策，其中包含多项有利于个体工商户的条例，如第十三条，个体工商户可以自愿变更经营者或者转型为企业。变更经营者可以直接向市场主体登记机关申请办理变更登记。涉及有关行政许可的，行政许可部门应当简化手续，依法为个体工商户提供便利。"如第二十五条，"国家引导和支持个体工商户加快数字化发展、实现线上线下一体化经营。平台经营者应当在入驻条件、服务规则、收费标准等方面，为个体工商户线上经营提供支持，不得利用服务协议、平台规则、数据算法、技术等手段，对平台内个体工商户进行不合理限制、附加不合理条件或者收取不合理费用。"

目前只有个体工商户能够核定征收，财政部、国家税务总局在2021年12月30日时就出台了政策：持有股权、股票、合伙企业财产份额等权益性投资的个人独资企业、合伙企业（简称独资合伙企业），一律适用查账征收方式计征个人所得税。

24. 电商企业所得税怎么合规?

一家电商企业的负责人希望了解如何在日常运营中确保企业所得税的合规性，应该怎么做。

关于电商企业所得税合规方面，以下是一些建议和策略。

第一，了解企业所得税的基本计算方式。企业所得税是按照“收入-支出”的原则来计算的，也就是根据企业的利润来确定应纳税额。一般情况下，企业所得税税率为 25%，对于小型微利企业，税率可降低至 20%；对于高新技术企业，税率为 15%。

第二，支出取得发票。无论何种费用支出，企业都应尽量取得合法有效的票据。在电商领域，这可能包括设计费、推广费、物流费等各项运营成本。

第三，因公发生的费用合规入账。当企业主为公司业务使用个人车辆时，应将车辆登记为企业资产，并报销相关油费或保养费用。这样的操作需要遵循税务规定，确保每一笔支出都有明确的记录和依据。

第四，公益捐赠抵扣。许多电商平台允许店铺设置公益捐款选项，这些捐款可以直接用于抵扣企业所得税。企业在进行公益活动时，务必确保相关的捐赠行为符合税收优惠政策的规定。

25. 淘宝店1年销售500万要交多少税?

相信很多人都知道关于小规模纳税人最新的增值税优惠政策：自2023年1月1日至2027年12月31日，增值税小规模纳税人适用3%征收率的应税销售收入，减按1%征收率征收增值税。

这里给大家举个简单的例子，假设淘宝店一年销售500万元，需要缴纳多少税费?

答案是：区分公司制、查账征收、核定征收的个体工商户这三种情况来计算。

（1）淘宝店绑定的主体是有限公司（小规模纳税人），正常情况下需要缴纳增值税、附加税、企业所得税和股东的个人所得税。根据现行小规模纳税人的增值税优惠政策，增值税减按1%征收，符合小型微利企业的，应纳税所得额在300万元以内，企业所得税实际税负率为5%。

假定年应纳税所得额是100万元（适用小型微利企业政策），应缴增值税=500×1%=5（万元），企业所得税=100×5%=5（万元）。个人所得税是在企业向股东分红时按照20%缴纳，不分红则不需要缴纳。

（2）淘宝店绑定的主体是个体户（小规模纳税人），一般情况下企业需要缴纳增值税、附加税、个人所得税。个体户不属于企业，不需要缴纳企业所得税。

假定年应纳税所得额同样是100万元，应缴增值税=500×1%=5（万元），查账征收的情况下，个人所得税=100×35%-6.55=28.45（万元）。

（3）淘宝店绑定的主体是核定征收的个体户（小规模纳税人），增值税和附加税与查账征收个体户的计算一致，区别在于个人所得税按照核定征收。假定核定个人所得税的应税所得率为5%，个人所得税=500×5%×20%-1.05=3.95（万元），也就是说对于核定征收的个体户只需要缴纳3.95万元就可以完全合规。

综上计算，年应纳税所得额是100万元的情况下，核定征收的个体户合规成本最少。

26. 开办电商企业需要交哪些税?

一个初次进军电商行业的老板有个疑问:“开办电商企业需要交哪些税?”

答案是:店铺绑定主体类型决定需纳税种。特殊行业税收征管有差异,特定消费品涉及消费税。

首先,店铺所绑定主体的类型如果是绑定的个体工商户、合伙企业、个人独资企业,则一般情况下需要缴纳增值税、附加税、印花税、个人所得税,涉及消费税类目的商品则需要缴纳消费税。而对于小规模纳税人,2023 年 1 月 1 日至 2027 年 12 月 31 日,增值税小规模纳税人适用 3%征收率的应税销售收入,减 1%征收率征收增值税。附加税是按照实缴的增值税和消费税为计税依据进行核算的,现阶段性最多按照 50%减征。印花税根据印花税法的规定,个人与电子商务经营者订立的电子订单,也就是说电商企业向个人销售的订单,不需要缴纳印花税,但是向供应商订立的购销合同则要按照合同金额计算缴纳印花税。这三种主体类型缴纳的个人所得税按照经营所得计算缴纳个人所得税,每年 1 月 1 日—3 月 31 日需要进行个人所得税汇算清缴。如果店铺是绑定的有限公司,除了缴纳以上的税种,还需要缴纳企业所得税。企业所得税可以享受小型微利企业的优惠政策,应纳税所得额在 300 万元以内的,实际税负率为 5%;超过 300 万元的,按照 25%计算缴纳企业所得税。

其次,不同行业在税收征管上有所差异,下面根据常接触到的几个行业进行经验分享,具体情况以相关的文件规定为准。

(1)图书批发和零售都是免增值税的。享受增值税免税政策的图书,是指国家新闻出版署批准的出版单位出版的,采用国际标准书号(ISBN)编序的书籍以及图片,不包括报纸、期刊、音像制品或电子出版物等。注意免税只是针对增值税,企业所得税仍须交纳。

(2)农产品有免税发票。采购农民生产的农产品用作原材料或者直接销售,购买方可以向农民开具农产品收购发票。

（3）金银珠宝、烟酒、高档化妆品、电池、涂料、木制一次性筷子等产品还须交纳消费税。不同产品的消费税的征收环节是不一样的，适用从价计征还是从量计征也不太一致，有从事这些行业的店主需要自行了解详情。

最后，我国现行 18 个税种中，因行业不同所涉及的税种也不尽相同，千万不要产生 10 万元以下不用交税这种以偏概全的想法。

27. 电商企业推广费过高，如何计算企业所得税？

不少电商企业发展到一定规模时，都会发现企业的推广费用较高。那么如何在计算企业所得税时合理处理这些费用呢？

主要有三种方式：①推广费实则为广告费和业务宣传费；②不同企业扣除标准有差异；③超过部分于当年调增。

首先，根据税法相关规定，推广费属于广告费和业务宣传费的范畴。企业根据年度扣除标准自行扣除。

其次，根据《中华人民共和国企业所得税法实施条例》（中华人民共和国国务院令第 512 号）第四十四条规定：“企业发生的符合条件的广告费和业务宣传费支出，除国务院财政、税务主管部门另有规定外，不超过当年销售（营业）收入 15%的部分，准予扣除；超过部分，准予在以后纳税年度结转扣除。”

根据《财政部 税务总局关于广告费和业务宣传费支出税前扣除有关事项的公告》（财政部 税务总局公告 2020 年第 43 号）规定：“一、对化妆品制造或销售、医药制造和饮料制造（不含酒类制造）企业发生的广告费和业务宣传费支出，不超过当年销售（营业）收入 30%的部分，准予扣除；超过部分，准予在以后纳税年度结转扣除。”

假设 A 电商企业，主营女装，年销售收入为 1 000 万元，推广费 200 为万元，会计利润为 80 万元，适用小型微利企业的优惠政策，不考虑其他因素。

当年可扣除的推广费为：1 000×15% = 150（万元），实际发生的推广费 200 万元>准予扣除的推广费金额 150 万元，超过当年扣除标准，差额 50 万元应该进行纳税调增，调整后的应纳税所得额 = 80+50 = 130（万元）。

企业所得税应纳税额为：130×5% = 6. 5（万元）。

对于小型微利企业的企业所得税，年应纳税所得额不超过 300 万元，减按 25%计入应纳税所得额，按 20%的税率缴纳企业所得税，即：300 万元以内的实际税负率为 5%。

最后，电商企业的推广费超过当年准予扣除的部分，应该调增应纳税所得额；对于超过扣除标准部分，可以结转以后年度扣除。

28. 怎么合规地为员工节约个人所得税支出呢？

根据现行政策规定，员工取得工资收入，应由公司（支付单位）代扣代缴个人所得税。员工挣钱不易，怎么合规地为员工节约个人所得税支出呢？

答案是：用好税收政策、改善双方关系、代扣代缴员工个税是企业的义务。

首先，用好国家的税收优惠政策。对于基层员工或工资收入不高的员工，用好税收优惠政策足以让员工合规节约个人所得税。比如，员工可在个人所得税App填写符合条件的专项附加扣除、企业为员工合理报销电话费等支出费用、企业为员工设置免征个税的福利费。

其次，针对高层或高收入员工调整业务性质。包括合理调整工资收入与年终奖、从雇佣关系变成合作关系、在有个税返还的地方发放工资等。

最后，提醒朋友们注意以下两点：

（1）代扣代缴员工个人所得税，是企业的法定义务，如果企业不进行代扣代缴，将由企业承担行政处罚。

（2）过去一些不合规的方式，并达不到节税的效果，大家不要尝试；在个人所得税综合所得年度汇算清缴时，员工需将从各个企业收到的工资收入合并计算，进行多退少补。

29. 老板需要给自己发工资吗？发多少合适？

很多电商老板都不给自己发工资，觉得公司是自己的，公司的钱就是自己的钱。但是，公司具有独立法人资格，相当于一个独立的个体，股东投资给公司后，资金就属于公司，股东在公司享有分红权，公司作为纳税人应承担纳税的义务。那么，老板需要给自己发工资吗？发多少合适？

答案是：在合理的工资范围内一定要发。

股东要给自己发工资有两点益处。

（1）做股东也是一种工作，合理的收益能激励自己更好地工作。

（2）股东也是公司的员工，发工资也能合理地降低税负。

发多少合适呢？在完全合规的情况下，不考虑个人所得税的扣除情况下，最佳的答案是：一年36万元，月薪1.8万元，年终奖14.4万元，个人所得税核算下来是28 470元，税负率是7.91%左右。这比企业直接分红要缴纳20%的个人所得税更省钱。

30. 不给员工代扣代缴个税，是为员工谋福利吗？

一个天猫店铺老板有个疑问：“不给员工代扣代缴个税，是为员工谋福利吗？特别是有些薪酬比较高的员工，如主播等。”

这个观点是错误的。原因有四点。

（1）代扣代缴个税是企业法定的义务。不代扣代缴员工的个税，将导致个人未按规定交税，可能会被视为逃税行为，从而影响员工个人的征信。企业由于未履行扣缴义务，也将面临税务部门对其的处罚。

（2）如果您真的想谋福利，可以通过提高福利的方式合法合规地去降低员工的个税，比如报销相关费用、提供住房、租赁员工车辆用于工作等。

（3）不仅要代扣代缴个人所得税，还要记得缴纳社保和公积金。只要是雇佣关系，企业都得为员工交社保和公积金。如果是合作关系或者有些岗位的灵活用工等非雇佣关系的，则不需要代扣代缴个税。

（4）主播的个人所得税是一定不能去偷逃的。国家税务总局有专门文件进行普法宣传。因为主播的个人所得税问题导致企业被稽查，对于股东来说是得不偿失的。

31. 用多家公司给员工发工资，能避个税吗?

淘宝店老板老王有个疑问：“公司的高管把店铺运营得非常成功，但其工资偏高，如果用多家公司给其发工资，员工能避个税吗?”

不能。工资收入属于个人所得税综合所得的工资薪金所得，需要办理年度汇算清缴的，即员工最终需要在个人所得税 App 上进行汇总、多退少补。

关于个税，您得知道以下 5 点：

（1）2018 年 8 月起，免征额从 3 500 元提高至 5 000 元的同时，汇算清缴就同步实施了。换言之，过去企业用多个公司给员工发工资，只要没有超过 3 500，就可以不代扣代缴个税。但现在是，只要多笔收入加起来超过 5 000元的，扣除个税专项附加扣除后仍有余额，就需要合并交个税。

（2）不仅是工资薪金所得，还有劳务报酬所得、稿酬所得和特许权使用费所得共 4 项所得都纳入了综合征税范围，实行按月或按次分项预缴、按年汇总计算、多退少补的征管模式。值得注意的是，特许权使用费，即一些做电商的老板想将商标授权给公司后收授权费，这个是要和工资合并去缴纳个人所得税的。

（3）个人所得税的综合所得是 7 级超额累进税率，税率级次从 3%到最高 45%，这个是直接以您收到的钱为基数。如果是个人所得税中的经营所得，则是 5 级超额累进税率，税率级次是从 5%到 35%，经营所得是可扣掉成本费用后去计算基数的。而个体户的核定征收，则是核定这个生产经营的个人所得税经营所得。

（4）企业的股东，也要缴纳个人所得税，即分红需按照 20%缴纳个人所得税利息、股息、红利所得。当然了，老板们也可以给自己发工资，金额在 36 万元以内，是比分红涉及缴纳的企业所得税加个税还要低。

（5）居民个人取得综合所得，在取得所得的次年的 3 月 1 日开始至 6 月 30 日期间办理汇算清缴；纳税人取得经营所得，在取得所得的次年的 3 月 31 日前办理汇算清缴。

32. 用多个个体工商户开多个店铺，个税需要汇算清缴吗？

从事电商行业 10 年的李老板，在不同的地方分别注册了个体工商户来开设店铺。在这种情况下，李老板想知道个税是否需要汇算清缴。

答案是：需要。个体工商户缴纳个人所得税经营所得，应在每年年度终了后的次年 3 月 31 日前完成个人所得税经营所得的汇算清缴。

首先，汇算清缴按综合所得举例就是：针对过去一年，取得的工资薪金、劳务报酬、稿酬、特许权使用费等四项所得（也叫作“综合所得”）的收入额，减除基本扣除 6 万元以及专项扣除、专项附加扣除、依法确定的其他扣除和符合条件的公益慈善事业捐赠后，适用综合所得个人所得税税率并减去速算扣除数，计算本年度最终应纳税额，再减去汇算年度已预缴税额，得出应退或应补税额，然后向税务机关申报并办理退税或补税。上述例子讲述了个人所得税综合所得的汇算清缴，个人所得税经营所得的汇算清缴与之无异，即多个个体工商户的个税需要汇总去计算是否仍需交更多的税还是符合条件可以退税。

其次，有不需要做汇算清缴的吗？有的，比如，个体工商户申请定额征收后则不需要进行汇算清缴。所以，若开设多家店铺，每个店铺都是定额/核定征收的话，不用合并计算经营所得。反之，需要合并到一起计算要不要缴税。

最后，多店需要合并汇算清缴吗？即便您用开设在税收优惠园区的多个个体工商户去开店，采用查账征收的方式，最终还是需要合并在一起做汇算清缴的。

33. 直播平台会代扣代缴主播的个税吗?

最近有一位做主播的粉丝说，他的收入的一半被平台扣掉了，直播平台会代扣代缴主播的个税吗?

答案是：目前平台未有扣缴个税政策，而未来有依政策进行预扣个税的可能。

根据我了解的情况，总结三点供大家参考。

（1）目前平台没有为主播进行代扣代缴个税。但根据最新情况来看，以后平台将会对个人主播预扣一定比例的收入，将其用于缴纳个人所得税，缴纳税费后有剩余金额再退回给主播。

（2）主播与平台的业务关系如果是雇佣关系，平台会按照工资薪金所得为主播代扣代缴个人所得税。

（3）主播个人的个人所得税会是稽查的重点，所以直播公司在给主播发工资的时候，一定要为主播代扣代缴个人所得税。

34. 主播和商家的合作模式及税款缴纳问题怎么处理？

主播应该怎么交税，主要取决于主播与商家的合作模式。这里给大家介绍 3 种主播与商家的合作模式，供大家参考。

（1）主播以个人的名义与商家合作。那么主播向商家收取的带货佣金收入按照劳务报酬所得 20%~40%的税率计算预扣预缴个人所得税，次年 3 月 1 日—6 月 30 日适用综合所得税率办理综合所得年度汇算清缴。

（2）主播成立个体工商户与商家合作。那么主播向商家收取的带货佣金应按照经营所得 5 级超额累进税率表 5%~35%计算缴纳个人所得税。

（3）主播作为直播公司的员工为商家带货。那么主播产生的带货收入属于直播公司的收入，主播作为员工应按照工资薪金所得，每月由直播公司预扣预缴个人所得税，于次年 3 月 1 日—6 月 30 日进行个人所得税汇算清缴。

35. 个税申报人数与企业参保人数不一致，这合理吗?

新手财务小张最近刚入职一家电商企业，发现该企业个税申报人数与企业参保人数不一致，想了解这种情况是否合理。

其实个税申报人数与企业参保人数不一致是正常的，但应与工资的数据是一致的。为什么这么说?

（1）个税的基数和社保的基数是一样的。个税不是人人都要缴纳的，每月工资在免征额 5 000 元以上的员工才需要缴纳个人所得税，而社保按照规定，属于公司的员工就必须缴纳。

（2）代扣代缴个人所得税是企业的法定义务。所以我在此提醒电商老板们，千万不要想着帮员工省个人所得税，不履行该义务。而未履行代扣代缴义务的企业，将按照应扣或未扣税款处以 50%以上 3 倍以下的罚款。

（3）社保分为以最低基数缴纳和按实际薪酬缴纳两种情况，很多时候企业都会按照最低基数缴纳，根据我们了解的案例，这种方式不会被处罚，但会要求补缴。

36. 临时工需要代缴工资个税和社保吗?

某年双十一，黄老板的天猫店大卖，发货量骤时大增。原仓库人员忙不过来，企业不得不聘请10个临时工帮忙打包发货。这就产生了一个问题：企业聘请临时工需要扣个税和代缴社保吗?

答案是：个税要扣缴，社保不用缴。

我就这一问题分三种情况给大家讲一下。

（1）长期的“临时工”、实际与企业存在雇佣关系的。比如，公司里天天都在的保洁和仓库管理员，虽然没有签合同，实际上他们也是企业的员工，需要代扣代缴个税和缴纳社保的。

（2）临时提供劳务的、不存在雇佣关系的。比如，就因为这次双十一发货多，临时招聘了一些客服和仓库打包发货的人员，一段时间结束之后就不在公司工作了，按照正常的工资一样发放就可以了。但是记住需要代扣代缴个税，不需要缴纳社保。

（3）给临时工发的工资，无论是银行转账还是现金都是可以的，但建议是采用银行转账的方式支付，并且保存一张附有临时工签名的身份证复印件；如果是发现金的情况，建议让其领钱的时候签名，证明他已经领到了。企业需要做好相关的证据链，才能证明业务的真实性。将临时工的劳务报酬发放计入工资总额，也要留下相关记录。

37. 股东分红怎么降低个人所得税?

大家都知道企业向股东分红需要缴纳 20%的分红个税，怎样可以降低分红个税呢?

简单给大家介绍两种方式。

（1）给股东发一定的工资

假设企业要向股东分红 100 万元，选择直接分红需要缴纳 100×20%＝20（万）的分红个税。

亦可选择发放工资 50 万元及分红 50 万元、社保和住房公积金每年 2.4 万元、专项附加扣除合计 4.8 万元。工资薪金个人所得税税率表如表 2-1 所示。

表 2-1　个人所得税税率表（综合所得适用）

级数	全年应纳税所得额	税率（%）	速算扣除数
1	不超过 36 000 元	3	0
2	超过 36 000 元至　144 000 元	10	2 520
3	超过 144 000 元至　300 000 元	20	16 920
4	超过 300 000 元至　420 000 元	25	31 920
5	超过 420 000 元至　660 000 元	30	52 920
6	超过 660 000 元至　960 000 元	35	85 920
7	超过 960 000 元	45	181 920

工资薪金需要缴纳的个人所得税＝（50－6－2.4－4.8）×25%－3.192＝6.008（万元）

分红需要缴纳的个税＝50×20%＝10（万元）

合计个税＝6.008+10＝16.008（万元）

通过合理的工资结构设计，可以降低部分个人所得税。至于发工资的数额多少合适，可以通过让公司财务部测算自行评估一下。

（2）改变持股方式

自然人对公司持股需要按照利息、股息、红利所得缴纳20%的个人所得税，选择公司对公司持股，根据企业所得税法的规定，符合条件的居民企业之间的股息和红利所得是免税的。

其实企业老板也属于公司的员工，可以通过发放适当的工资或者改变持股方式来降低分红时的个人所得税。企业通常在分红时才会缴纳分红个税，如果不分红则不需要缴纳。

38. 为什么个人主播要交 40%的税?

个人主播要交 40%的个人所得税，这是之前淘宝直播针对个人主播做出的一个规定。

该规定的具体内容是：

（1）淘宝直播对个人主播采用直接由平台代扣代缴个人所得税的方式，按照劳务报酬所得的标准来核算。劳务报酬所得以每次收入额为预扣预缴应纳税所得额，适用 20%至 40%的超额累进预扣率，应纳税所得额超过 50 000 元就适用 40%的预扣率，由对应的电商平台代扣代缴。应纳税所得额不超过 20 000 元适用的预扣率是 20%。这个是淘宝平台公布出来的，其他平台估计也会按照这个标准来计算。

（2）您可能觉得按照劳务报酬所得来计算缴纳个人所得税的税率比较高，非常不划算。这仅是针对个人主播的扣除标准。假如个人主播成立了自己的工作室或是个体工商户，不仅能按照个人经营所得来计算缴纳个人所得税，而且还能扣除经营活动中产生的各项成本及费用。相比之下，按照经营所得核算缴纳的个人所得税会比直接按照劳务报酬所得来缴纳的个人所得税要更低。

总体来说，个人主播成立工作室相对更好管理，每个月或每个季度正常地申报纳税即可。

39. 股权转让需要交哪些税？

电商企业在实际经营过程中，通常会遇到股东转让股权，或者股权股份变动的情况，那么股权变更需要缴纳哪些税呢？

答案是：自然人（个人）转让需要缴纳个人所得税、印花税，公司转让需要缴纳企业所得税、印花税。

假设A电商企业将股权转让给他人，转让价为100万元，股权原值和合理费用合计为60万元。那么转让股权需要缴纳多少税费？

（1）若转让方为个人，须按照财产转让所得适用20%的税率缴纳个人所得税，并按照产权转移数据缴纳万分之五的印花税。个人转让非上市公司股权不属于增值税征收范围，不需要缴纳增值税。

按照财产转让所得缴纳的税收：

①个税=（100-60）×20%=8（万元）

②印花税=100×0.5‰×50%=0.025（万元）

合计需要缴纳税费=8+0.025=8.025（万元）

（2）若转让方为公司，须缴纳企业所得税和印花税。转让非上市公司股权不属于增值税征收范围，不需要缴纳增值税。

需要缴纳的税收：

①企业所得税=（100-60）×25%=10（万元）

如果适用小型微利企业的话：企业所得税=（100-60）×5%=2（万元）

②印花税=100×0.5‰×50%=0.025（万元）

合计需要缴纳税费=10+0.025=10.025（万元）

注意！转让股权分为自然人股东转让和法人股东转让；转让非上市公司股权不属于增值税征收范围，不需要缴纳增值税。

第三部分

电商企业资金流向

40. 税务局能查到网商银行的结算账户吗?

许多位淘宝天猫的老板和财务都有个相同的疑问：网商银行的结算账户，有没有风险？税务局能不能查到？

我的回答是：企业不合规则有风险，与哪类银行账户无关。

首先，网商银行也是正规的银行，跟商业银行是一样的，只是不常见而已。开设的网商银行结算账户跟公司的一般户没有任何区别。

其次，我们接触的被税务局约谈和要求自查的电商企业，不管是普通的银行对公账户，还是网商银行的结算账户，很少有税务局会去查银行账户。有两种情形见得最多：要么直接查店铺订单，要么就查支付宝的数据。所以，风险和使用的银行是没关系的。

最后，不管是基本户、一般户还是股东法定代表人的个人账户，只要是税务局要查都能查到的，在金税四期上线后，各个部门及银行的数据都是相通的。

所以，不要纠结走什么账户，只有合规起来，才能够避免风险。

41. 电商公司的注册资金填多少合适?

注册公司需要填写注册资金，第一次开公司的李老板却犯了难：一个电商公司的注册资金写多少合适?

我回答：“最多写 100 万元。”

建议创办公司的老板要先了解清楚什么情况下要写注册资金，以及写多少资金会有什么影响，然后根据业务需要进行匹配。

首先，公司制企业是要注明注册资金的，若是个体户、个人独资企业、合伙企业则不需要。

其次，公司制企业注册资金目前实行认缴制，很多人都随意填写，但这是要承担法律责任的。所以，不建议填写虚高的数值。

最后，结合目前主流电商平台的要求，如淘宝和拼多多是没有注册资金要求的。所以，我建议注册资金最多写 100 万元。

42. 银行账户的钱被冻结了怎么办?

最近又遇到一个电商企业的股东说自己的银行卡被冻结了，钱取不出来也转不出去，不知道该怎么办。

解决办法是：银行风控所致、查明被冻的原因后办理解冻。

简单地说一下我所了解的几种情况。

（1）大部分的情况下冻结银行账户不是因为税务问题，而是由于银行的风控。

（2）如果银行账户被冻结了，建议先找银行问清楚情况，尝试是否能够直接办理解冻，如果不能，建议找相关部门作情况说明进行解冻。

（3）因为偷税漏税被税务局下达了处罚通知，不把补税、罚款、滞纳金交完的话，税务局可以冻结您的银行账户。

如果电商老板们遇到银行卡被冻结，建议结合上述三种情况去查明银行卡被冻结的原因并办理解冻。

43. 员工在京东平台上买办公用品怎么公对公转账？

电商企业财务负责人曾女士在近期致力于规范企业的财务管理流程，她强调公司的经营支出应尽可能通过公户进行结算。在此背景下，财务助理小李需要在京东平台上购买办公用品，小李想了解应该怎么进行公对公转账。

答案是：支付方式选择公司转账。

其实原理很简单。在商品结算的时候，支付方式选择公司转账，然后再点击提交订单，进入到京东收银台页面，选择线下汇款，根据页面获取到的公司收款账户信息和汇款识别码，按照页面的提示提交汇款支付就可以了。需要注意的是一个汇款识别码对应一个订单和一个金额，不要重复支付。一般 3 个工作日内完成转账，不然账单就失效了。如果买的是第三方 POP 的商品则不支持公司转账，因为京东目前只支持自营商品进行转账购买。

这就是一般的公对公转账的方式。我觉得这种方式还是有点复杂，建议大家可以直接垫付，开具发票回来后再在公司做报销处理。

44. 从对公账户转钱给股东个人账户有什么风险？

企业股东经常从对公账户转钱到自己的银行卡，一直没有交过税。这种情况下，企业从对公账户转钱给股东个人账户有什么风险？

事实上，没交税不代表不用缴税。

如果您是一直没有交过税的，那么需要知道以下几点。

（1）现在正从“以票管税”逐步向“以数治税”过渡，管理方式是“自行判断”“自行申报”。如果系统提示异常就会让企业自查、写情况说明等。

（2）银行和税务是两套系统，转款当然是可以的，但是税务机关关注的是企业是否缴税。

（3）对公账户收的钱如果不是收入，就不需要缴税。如果是企业的收入就需要申报纳税，不管是否开具发票；没有开票的金额可作无票收入申报。

（4）公转私的监管比个人账户的转账监管更加严格。比如，企业分红时需要为股东代扣代缴 20%的个人所得税；发放工资时也需要为员工预扣预缴个人所得税；股东向企业借的款项年底要还清，否则就要按照分红来计算个人所得税。

45. 用公司支付宝发工资和结算货款需要缴税吗？

现在，电商企业在进行资金收付时，可能采用对公账户、微信、支付宝等多种支付渠道。那么使用公司支付宝发放工资和结算货款是否需要缴税呢？

我的回答是：两者没有必然联系。

首先需要说明的是，缴税与成本、费用的支付渠道没有任何关系，不管是对公账户还是微信、支付宝发放工资和结算货款，都是可以的。

其次，您唯一要做的就是合法地交税。支付宝其实本质上就是一个银行账户，用支付宝去发放工资或者转供应商货款是可以的。这里建议，用公司对公账户发放工资或转供应商货款更好。因为一旦出现问题，对公账户是最容易证明支出的。当然，公司的支出需要有对应的证据链，比如，向员工发放工资，需要提供工资表、员工签名、转账记录等。而对公账户相对而言比较容易证明，即便是向供应商采购货物，在没有取得进项发票的情况下，用公司的对公账户支付，加上供应商的送货单、验收单、入库单等，也能够证明企业有这笔成本费用。

最后，不管以哪种方式转账，都需要保留好相关的证据链，只要是符合企业经济业务的合理合规支出，都不需要额外缴纳税款。

46. 天猫店铺绑定的支付宝能否注销?

电商会计小王所在的公司计划关闭一家天猫店铺，想了解与该店铺绑定的支付宝账号是否可以注销。

答案是：不能！目前支付宝的规则下是不能的。

如果想调整店铺，有以下三个建议。

（1）如果需要更换收款公司，直接做天猫店铺的主体变更，再重新绑定新公司的支付宝账号。

（2）如果不想换公司，只是想换邮箱或手机号等用户名，可以在现有支付宝账号后台直接更换。

（3）支付宝注销和税务没有必然的关系，国税总局的稽查系统并不是按照支付宝的金额来计算的，而是直接按照店铺的成交金额来统计的。

因此，更换或者注销支付宝是无法避免税务风险的，尽快地合规起来才是最需要做的事。

47. 哪些情况可以公转私？需要什么票据凭证？

经营电商企业时，确实会有各种各样的支出产生，这些支出可能涉及公司之间的交易，也可能涉及个人的交易。哪些情况可以公转私，需要什么票据凭证呢？

这里给大家梳理出合理公转私的八种情况，以及对应的票据凭证要求。

（1）发工资。包括给员工和股东发的工资。需要工资条、员工花名册、代扣代缴个税以及缴纳社保。

（2）员工实际差旅费报销。需要发票，如打车的，住宿的，餐饮的发票等。

（3）支付个人劳务报酬。金额500元以下的需要收款人收据及附有其签名的身份证复印件，超过此金额的，个人可以去税务局代开发票。

（4）向自然人采购货物。进货要开票，个人可以去税务局代开发票，否则就没办法计入成本抵扣企业所得税。

（5）归还个人借款。如果涉及利息，要符合关于利息的规定，还得有利息的发票。

（6）支付个人赔偿金。如解雇员工、支付经济补偿，得有劳动合同和解除劳动合同的文件，加上过去发工资的记录证明。

（7）股东利润分红。公司要为股东代扣代缴20%分红个税。

（8）个体户利润分配。按照经营所得计算缴纳个人所得税。

48. 100 元的商品，成本 55 元，有票的情况下，老板到手多少钱？

电商老板都比较关注，自己在天猫辛辛苦苦卖了东西，100 元的商品，成本 55 元，有票的情况下，自己到手能有多少钱。

为了方便大家理解，以有票和无票的两种案例来给大家讲一下。

一是有票的情况下，老板到手多少钱。

假设某电商老板经营一个天猫店铺，店铺主体是增值税一般纳税人，100 元的商品，不含税金额=100/（1+13%）≈88.5（元），销项税额=88.5×13%≈11.5（元）；成本 55 元，不含税金额=55/（1+13%）≈48.67（元），进项税额=48.67×13%≈6.33（元）；有进项专票。老板到手有多少钱需要缴纳相关税费后才能确定。

①需要缴纳增值税：100/（1+13%）×13%-55/（1+13%）×13%≈11.50-6.33=5.17（元）。

②需要缴纳附加税：5.17×12%=0.620 4（元）。

③假设这个公司是小型微利企业，可以享受小型微利企业所得税的优惠政策：

税前利润=100/（1+13%）-55/（1+13%）-0.620 4≈88.5-48.67-0.620 4=39.21（元）。

需要缴纳企业所得税：39.21×5%≈1.96（元）。

④缴纳完公司的税费后的利润：

税后利润=税前利润-企业所得税费用=39.21-1.96=37.25（元）。

⑤老板想要拿钱出来，需要缴纳股东分红个税，37.25×20%=7.45（元）。

⑥老板到手的钱=税后利润-股东个税=37.25-7.45=29.8（元）。

100 元的商品，假设不考虑印花税（买卖合同的印花税税率是万分之三，金额太小，不考虑）。有专票的情况下，缴纳完相关税费后，老板到手的钱是 29.8 元。

二是没有票的情况下，老板到手多少钱。

假设某电商老板经营一个天猫店铺，店铺主体是增值税一般纳税人，100 元的商品，不含税金额=100/（1+13%）=88.5（元），销项税额=88.5×13%≈11.5（元）；成本 55 元，不含税金额=55/（1+13%）≈48.67（元）；没有进项票。老板到手有多少钱也要考虑相关税费。

①需要缴纳增值税，由于没有进项专票，进项税额为 0。

需要缴纳的增值税：11.5-0=11.5（元）。

②需要缴纳附加税：11.5×12%=1.38（元）。

③假设这个公司是小型微利企业，可以享受小型微利企业所得税的优惠政策。

由于没有发票进行税前扣除：

税前利润=88.5-1.38=87.12（元）。

需要缴纳企业所得税，87.12×5%=4.36（元）。

④缴纳完公司税费后的利润：

税后利润=税前利润-企业所得税费用=87.12-4.36=82.76（元），

⑤老板想要拿钱出来，需要缴纳股东分红个税，82.76×20%=16.55（元）。

⑥老板到手的钱=收入-支出-相关税费=88.5-48.67-1.38-4.36-16.55=17.54（元）。

通过以上两种情况可以得出，企业在有进项发票的情况下，老板到手的钱是 29.8 元；在没有进项发票的情况下，老板到手的钱是 17.54 元。事实证明，进项要取得发票且是增值税专用发票才更划算。

49. 为什么不可以先用老板的银行卡提现，再转出去付货款和工资？

很多电商行业的老板，很喜欢用自己的银行卡提现或者转账，而且很多钱不是一直存在他的银行卡，而是用来给供应商付货款、给员工发工资、支付公司的日常开支等。那为什么不可以用老板个人银行卡提现，再转出去付货款和工资呢？

其中会涉及的风险有三个。

（1）容易被税务局视为分红。而分红是要缴纳 20%的个人所得税的。

（2）无法证明这些支出是企业的经营成本。即使在无法取得进项和成本发票的情况下，供应商的货款用企业对公账户或者支付宝支付，能向税务局证明具体有多少成本支出；而选择直接用个人银行卡转账出去，将很难证明这是属于企业经营的成本。给员工的工资，因为通过个人转账，而不是企业账户转出，也存在被恶意举报没发工资的风险。

（3）公私不分会产生资金混同。不管您是不是有限责任公司，在这种情况下，都会面临需要承担无限连带责任的风险。

所以我建议所有电商老板们，给供应商转货款直接用支付宝或者对公账户，给员工发工资一定用对公账户，只有给自己发工资和报销才转到个人银行卡。其他情形，一律不用个人账户转账。

50. 货款用支付宝转给供应商，利润提现到对公账户申报纳税，是否能避免税务风险？

这是一个电商粉丝问的问题。货款用支付宝转给供应商，利润提现到对公账户申报纳税，是否能避免税务风险？能提这个问题，说明已经深入思考过纳税问题。但这样做，到底能不能规避税务风险呢？

我的答案是：不能！

首先，要搞清楚税务部门认定的收入是怎么计算的。它不是利润，而是销售额，也就是必须包括转给供应商的货款金额，不能只按照利润去申报纳税。

其次，如果没采购货物的进项发票，那么利润就会虚高，所以支付宝转账货款给供应商，要取得发票。

最后，过去税务部门不知道谁在电商平台开店，对于电商申报的相关数据，也很难去核实。但是请大家务必注意，现在需要由各个平台向税务局上报数据，以及国税总局的稽查系统统计，各地的税务局都会知道当地有多少企业在线上开店，营业额为多少。因此，想通过隐瞒收入而少缴税是行不通的，并且，这只会面临高额的补税加罚款！这里，郑重提醒大家尽快地合规起来。

51. 老板如何合规地从公司拿钱出来消费？

有些老板在经营企业时，可能会公私不分，在没有合理理由的情况下直接从公司账户中提取资金用于个人消费。这种做法存在很大的风险。如果频繁地用公司账户给自己转账，税务局一旦查到这种情况，很可能会将其视为分红，并要求缴纳 20%的个人所得税。

当然了，之前有个电商会计问我这个问题的时候，我跟他说，那就创造机会让老板合规地拿钱出来消费。那么有哪些情况是可以合理地拿钱出来消费呢？

我的回答有以下 5 个方面。

（1）业务招待费。为了让公司形象更好，很多老板都会招待客户。与公司生产经营有关的、合理的消费，是可以报销的。

（2）差旅费用。出差在外产生的餐费、住宿都可以报销。

（3）职工福利。如说老板的房租、手机费等，可以选择报销。

（4）工资薪金。既然老板也是公司员工，当然就可以给自己发工资。只要不都是 5 000 元就可以了，不然税务局系统会有异常提示的。

（5）用好公司固定资产。很多老板都有车，为什么不归置在公司名下呢？老板以后开车出去谈业务，产生的过路费、加油费，都可以计入公司经营成本报销。

52. 一直用提前收款到个人账户有什么风险?

很多电商企业的股东采用天猫的提前收款功能，把款项提到个人支付宝，再用个人支付宝的钱去支付员工工资或供应商的货款。提前收款是一种融资服务，旨在帮助商家迅速解决资金周转问题。那么，长期使用提前收款到个人账户有什么风险呢?

其实，采取这种方式，无法规避涉税风险，且增加成本、增加个人风险。

（1）无法规避涉税风险。自从国税总局针对电商的稽查系统升级完成后，平台会直接同步店铺销售数据给税务机关，因此想通过提前收款来偷税漏税是行不通的。

（2）增加不必要的成本。提前收款属于贷款行为，每日按照万分之五的利率计算利息，既避免不了企业的风险，又增加了成本。

（3）增加个人的税收风险。老板将企业款项转到自己的个人账户有可能被视为分红，需要按照“利息、股息、红利所得”缴纳20%的个人所得税。

最后，建议大家不要总是从公户上转钱到个人账户，尤其是向股东和法定代表人转账；否则，股东和法定代表人自身个人所得税的风险会比企业所得税风险更大。

53. 为什么淘宝贷款和提前收款都没有额度?

对于淘宝贷款和提前收款，电商老板不会陌生，这都是融资产品，在店铺后台有申请入口。有电商老板问，为什么淘宝贷款和提前收款都没有额度?

首先，没有额度主要有三方面的原因：一是店铺的营业额不高或者没有增长，系统给企业的额度就会降低；二是每年年底风控都会下调额度；三是因为受到新的监管要求，蚂蚁（贷款公司）整体可放贷的额度减少。

其次，对于平台上的商家而言，这是系统设置的算法，找客服也是没有用的。另外，不要随意去店铺后台系统更改任何已填写的信息，确实要改也要在适当的时间去修改。

最后，不要经常去看系统。如果是主体变更后没有了额度，至少 2 周不要去看系统，以后可以每周一次，直到出现额度。

54. 天猫商户怎么安全地提现到私人账户？

天猫商户提现到私人账户是不合规的，因为根据规定，天猫店铺的资金只能转入企业支付宝，并且这些资金必须用于企业运营。天猫怎么合规地提现到私人账户？

对于天猫怎么合规提现，我分两个方面来讲述：怎么提现、怎么合规。

（1）怎么提现

其实从天猫提现出来就 3 种方式：一是直接提现到对公账户，再由对公账户转到私人账户。当然大家也都知道，这可能涉及税费问题；二是转到网商银行的一般结算账户，再转到个人的私人账户；三是用提前收款方式（京东平台是用转账的方式）转到公司非店铺绑定的支付宝，然后由这个支付宝转到私人支付宝并提现到个人账户。这种操作较为复杂。

（2）怎么合规

首先，以上方式均没有特别合规的说法。就目前来讲，国税总局针对电商的稽查系统完成后，很多地方都已经拿到电商企业的名单，却没有明确具体的征收补税意见。

其次，很多地方的电商企业已经接到通知要求补税，但没有受到罚款。所以就现在的情况而言，并没有安全的方法，都是有一定风险存在的。

最后，合规成本其实并不高，若是能较好地设计业务模式，企业全部合规的税负率有可能只需要总销售额的 2%。

第四部分

发票相关问题

55. 淘宝客佣金，商家怎么找阿里开发票？

先说一个基本常识，商家所有的扣点、积分和推广费用，都可以找阿里开具发票。淘宝客的佣金发票，该如何找阿里开票呢？

操作步骤：进入阿里妈妈的官方网站，登录账号，找到淘宝联盟商家中心，点击账户，在账户里找到“发票中心”，点击“申请开票”，您就可以根据选择的月份去开发票了。

注意，阿里所有的推广和佣金都是可以计入成本的，因为推广费开具的都是技术服务费，不像有些平台开具的是广告费。一般企业广告费和业务宣传费的支出，不超过当年营业收入的15%才能准予扣除，超过部分可结转至以后纳税年度扣除。

56. 丈夫和妻子的公司之间互相开票做生意可以吗？

每家企业都有可能面临跟亲戚朋友做生意，只要业务合理，发生关联交易是很正常的；但关联交易需要做到业务真实、四流合一、价格公允。基于此类情形，有电商老板问：丈夫和妻子的公司之间互相开票做生意可以吗？

答案是：可以。但要注意家庭财产和公司财产的分离，避免财务风险。

首先，如果夫妻两人都是企业的股东或者其一是法定代表人，随着电商征税的到来，夫妻两人所有银行账户都有可能会被监管。因此，公司的经营支出要与生活开支区分开。

其次，做企业是有风险的，不仅仅是盈亏风险，还有税务和债务风险。而家庭财产是必须保全的，否则一旦出现问题，整个家庭都可能受影响。

最后，建议老板们最好不要直接注册夫妻两人的公司。如果一定要注册，可以去注册有限合伙企业，一个人承担无限责任就好了，家里的其他成员做好家庭财产的保全工作。如果事业遇到风险，至少生活不会受到重大影响。

57. 什么情况电商企业无票也能合规？

目前我们国家正在从“以票管税”向“以数治税”迈进，现阶段还是以发票来控税的，没有取得发票企业不能在所得税汇算清缴前扣除。有没有例外的？

当然有，以下五种情况属于例外，分别是核定征收的企业、小额零星支出、向农民收购初级农产品、白条入账、调整业务结构。

（1）核定征收的企业。部分地区有针对个体户的核定征收，简单地说就是根据行业情况核定应税所得率，直接按照收入额来核算应缴纳的税费。

（2）小额零星支出。企业有些日常的经营支出，无法取得发票。金额通常在 500 元以下的，可以直接根据收条作为税前扣除的凭证。收条通常要注明收款人、身份证号、金额、事项、付款方名称等。

（3）向农民收购初级农产品。由于农民无法开具发票，收购方可按照实际交易金额开具农产品收购发票。

（4）白条入账。有些地方允许白条入账，具体可以向当地的税务机关咨询相关政策。

（5）调整业务结构。通过改变业务模式最大化地取得进项发票使企业完全合规。

58. 平台推广费要不要开票做账？

大家都知道淘宝、天猫等平台的扣点和推广费都是不需要税点就可以开票的。但是有很多店铺不敢申请开票，担心开了票会引起税务机关的查税，那么到底要不要开票做账呢？

答案是：这主要取决于企业的合规程度。

（1）如果企业本身是比较合规的，开票可以当成本费用抵扣。

（2）如果企业在没有申报收入的情况下，最好是先不开推广费发票，因为公司只有推广费却没有确认收入，也没有相关的进货成本，在很多地方是容易引起税务机关稽查的。

（3）企业申报了一部分的收入，可以逐步开具发票回来抵扣，推广费是可以分月开票的，不需要一次性完成。

59. 店铺的进项发票厂家加点太高如何解决?

电商企业在运营中常常遇到供应商无法提供发票的情况，这无疑给企业的税务合规带来了挑战。

解决这个问题的方法有以下三种。

第一种，寻找更合适的供应商是一个可行的途径。通常情况下，规模较大、正规经营的企业能够提供含税发票。

第二种，对于线下档口采购而言，取得发票可能较为困难。这时可以考虑与档口供应商合作，建议他们成立核定征收的个体工商户，然后开具发票。因为是按照核定税率进行征税，税费成本相对较低，一般在 2 个百分点左右。这样，只需承担这个费用，就能获得合法的发票。

第三种，如果更换供应商并不现实，那么调整业务模式以确保主体公司业务的合规性就显得尤为重要。在这种情况下，通过合理规避风险，企业依然可以保持正常运营。

总而言之，面对电商行业的发票问题，我们可以通过更换供应商、寻求与档口供应商的合作以及调整业务模式等方法来解决。这些措施有助于电商企业避免因发票问题带来的风险和困扰。

60. 哪些发票无法报销?

在日常工作中，发票报销是常见的财务活动。然而，并非所有发票都能顺利地进行报销。

以下五种情况下的发票就无法进行报销。

（1）信息填写不全或错误的发票。比如，普通发票没有纳税人识别号；业务适用税率错误；没有编码简称或简称错误；备注栏未填写、填写项目不全或填写错误；附有清单的发票，如果清单不是从防伪税控系统开具打印，而是自行用 A4 纸打印的，不能报销。

（2）与实际业务不吻合的发票。比如，发票开具商品统称办公用品、礼品、食品、家具等，没有具体明细不能报销。发票与实际业务不吻合，买的是香烟，开的却是办公用品，涉嫌虚开发票，不能报销；没有发生实际交易，直接虚开发票，不能报销。

（3）第三方开具的发票。如向 A 公司付款，却收到 B 公司的发票，与资金流、发票流、合同流及物流不一致了。

（4）不符合成品油发票的相关规定。没有“成品油”这三个字，不能报销。成品油发票“单位”栏或“数量”栏填错，不能报销。2018 年 3 月 1 日起，成品油发票不是通过增值税发票管理新系统中成品油发票开具模块开具的，不能报销。

（5）超过报销期限的发票。大多数公司都有规定，只有在一定期限内（如一个月或一个季度）的发票才能进行报销。如果您超过了这个期限才提交发票，那么您可能无法得到报销。

61. 淘宝客佣金没法开发票怎么做账?

在淘宝上开店的基本用过淘宝客。从淘宝客分享的链接成交后，淘宝客就能分到佣金，但是淘宝客一般是个人或者工作室运营的，很难提供发票，那没有发票的情况下怎么入账呢?

假设某电商企业通过淘宝客进行推广，卖出商品100元，支付淘宝客佣金比例是商品成交额的10%。

当卖家支付淘宝客佣金时:

借：销售费用—淘宝客佣金　　10

　贷：其他货币资金—支付宝　　10

其实对于支付的淘宝客佣金，无论是否有发票，账务处理流程都是一样的，需要计入销售费用科目。企业收到发票可以做成本处理，如果是增值税专用发票还可以抵扣销项。假如没有收到发票，在每年所得税汇算清缴时，需要做应纳税所得额调增处理。

62. 是否可以由子公司或者分公司给客户开发票呢?

当消费者在天猫店下单后，要求开具发票时，是否可以由子公司或分公司来为客户开发票呢?

这是可以的。然而，这一操作的前提条件是实际经济业务的真实性，并且该业务是由子公司或分公司实际产生的。

以京东为例，虽然其国内注册地在北京，但各地的京东都能为客户开具发票。这是因为在合理的业务架构下，各地的子公司都是业务的实际发生主体，而总公司则起到了平台的作用。

对于淘宝天猫商家来说，如果总公司相当于运营主体，实际的销售、售后、服务都是由分公司或者子公司产生的，则可以用这些公司开发票给客户。

但是，需要注意的是，这样的做法涉及法律架构的问题。如果没有设计相应的架构，仅将分公司、子公司用作开票工具，一旦被税务机关查到，将会面临问题。

因此，确保业务的真实性和合法性至关重要。

63. 淘宝店铺客户要求开票怎么办?

最近家庭户外露营火热，一位专门卖这种户外用品的淘宝店老板问我："消费者在淘宝店铺里买了产品，现在要求开具发票，怎么办?"

如果您的淘宝店铺是企业店铺，即已经关联到公司、个人独资企业或个体工商户经营主体，尽管淘宝平台没有明确要求开具发票，但为了规避潜在风险，建议在进行销售活动时店铺主动提供发票。因为如果发生销售行为而未开具发票，一旦有客户向税务局投诉，店铺将极有可能面临补税和罚款的处理。

如果您的店铺现在是在个人名下，也就是绑定的是个人，目前的情况下是可以不开票的。因为根据《企业所得税税前扣除凭证管理办法》的规定：对方为依法无须办理税务登记的单位或者从事小额零星经营业务的个人，企业支出以税务机关代开的发票或者收款凭证及内部凭证作为税前扣除凭证，收款凭证应载明收款单位名称、个人姓名及身份证号、支出项目、收款金额等相关信息。小额零星经营业务的判断标准是个人从事应税项目经营业务的销售额不超过增值税相关政策规定的起征点。小额零星经营业务可按以下标准判断：按月纳税的，月销售额不超过 10 万元；按次纳税的，每次（日）销售额不超过 300-500 元。

另外个人店铺还需注意两点，一是如果产品标签上包含了您的公司名称，客户可能会据此向税务局投诉。一旦发生这种情况，税务局很可能会认定该店铺属于公司经营；二是在某些情况下，如果不开具发票就无法完成交易（例如销售办公家具），作为个人商家可以选择通过自然人身份向税务局申请代开发票。

64. 客户不需要票的订单金额怎么开票才合规?

许多电商商家询问关于在天猫、抖音和拼多多店铺下单而无须开具发票的情况下如何合规处理的问题。

实际上，从税收法规和实际操作的角度来看，存在两种解决方案。

（1）无票收入：对于这些订单，商家无须前往税务局购票，只需在纳税申报时如实提交即可。尽管一些财务人员可能担心大量的无票收入是否存在问题，但只要业务的真实性得到保证，就完全不必忧虑。即使主管税务机关进行审查，店铺后台中每笔交易都能有记录可查。

（2）开具个人抬头的发票：对于某些大型公司来说，无票收入可能无法满足审计要求。此时，可以选择开具抬头为个人的发票，以确保合规性。

总之，无论是否开具发票，只要有收入产生，都应依法申报纳税，这是符合规定的做法。

65. 京东为什么可以由多个公司开票?

一位电商老板在京东平台上购买商品时，发现每次开具发票的公司都不同。他询问我，这是否意味着存在虚开发票的情况?

实际上京东平台，特别是平台自营的部分，一定不会虚开，因为京东自营部分是非常合规的，之所以能用那么多家公司开具发票，我个人的理解如下。

（1）京东是一家平台公司，并不是实际经营的公司，之所以能够使用多家公司开具发票，主要是由于京东集团拥有多个子公司和分公司，这些实体可能在不同的地区负责具体的业务运营。因此，根据实际发生的业务和交易情况，由相应的公司开具发票是完全合理的，并且符合相关的税收法规。

（2）判断虚开发票的核心是是否有真实的交易，货物的归属权属于哪个公司，就由哪个公司开具发票。如果有多批货物属于不同的公司，那么顾客买到对应的那一个批次，就是对应的公司来给客户开票。

（3）各地可能对京东是有不同的税收奖励和减免措施的，所以京东可能会利用一些税收政策来减少实际需要承担的税费成本。

66. 淘宝 C 店开票多，需要税务登记吗？

有位电商老板开的是淘宝个人 C 店，主要销售文具。他的主要客户是学校单位，之前一直是用税务 App 给客户开发票，也就是税务的自然人代开。一年下来开了几百张发票，金额也超过了 10 万元。现在接到税务局的电话，要求他去做税务登记。

这位老板的店铺是以个人身份开的，没有营业执照，这位电商老板的情况确实需要按照税务机关的要求去做税务登记。

首先一定要知道，这是一个正常的税务管理。代开金额达到一定程度后，税务局为了规避风险，则要求纳税人登记。

其次，正常来说在个人名下的不管有多少家店铺，都需要合计来计算年销售额。如果年销售额一年超过 10 万元的，就必须绑定营业执照。所以，哪怕是您个人身份证开的店铺，从税务管理上来讲也是需要去做工商登记的。

最后，其实一年 10 万元的销售额，纳税金额是比较少的，可以直接用个体工商户去绑定。根据现行政策，月销售额在 10 万元以内，是免征增值税的，只缴些个人所得税就好了，并且算下来个人所得税也是非常低的。

67. 淘宝 C 店怎么开发票给客户？

淘宝个人 C 店需要向客户开具发票，否则平台会直接退款退货，来回运费还要由商家承担。但有些个人 C 店以不知道为由不开具发票，当职业打假人找上门的时候，平台小二会按照规则把货款的钱退了，还要让商家承担来回运费的时候，真是欲哭无泪。所以，只有重视起来才能规避风险。

那么个人 C 店到底怎么给客户开发票呢？主要能用的是以下两种方式。

（1）用实际经营这家店铺的个体户给客户开发票。比如，用这个店铺的个体户给员工发工资社保等，也就是店铺所有营业额就是这家个体户，直接用这家个体户给客户开发票；个体户没有发票的话，可以向税务局说明实际情况，申请发票，进行开具。

（2）选择用自然人代开的方式给客户开具发票，自然人代开可能很多人没有听过，实际上也是非常常见的一种合规的开票方式，特别是适合个人 C 店经营。

自然人代开有四种方式推荐给大家。

第一种：去当地的税务局开办，或者去办理一个临时税务登记证，方便在电子税务局在线开票。这是最合规的。

第二种：淘宝后台有自然人代开的入口，在千牛下面的“财务”模块→“发票管理”→申请发票，您可以看一下您的店铺是否能开。

第三种：支付宝搜索“发票管家”→“开发票”下面的“更多”→“商家代开”→“发票代开”，按照步骤去选择城市和服务商就可以了。

第四种：现在在纳税筹划行业里，有一些专门做自然人代开的机构和平台，通过他们去开票。

以上方式选一种就好了。提醒大家一下，按照网络交易监督管理办法的规定，年营业额超过 10 万元的，就需要绑定营业执照，包括个人 C 店。

68. 赠品怎么开票?

很多电商企业为了促销，经常会采取无偿赠送的方式来扩大销量，那么对于这部分赠品，开票上应该怎么处理呢?

假设一家网上店铺销售 1 000 元的商品，赠送价值 100 元的赠送商品(增值税适用 13%的税率)，在发票开具的时候分为两种情况。

一种是将赠品实际价值与商品一同记入到发票上，再将赠品价格作为折扣，在同一张发票的“金额”栏注明折扣额。根据相关规定，纳税人采取折扣方式销售货物，如果销售额和折旧额在同一张发票上分别注明的，可按折扣后的销售额征收增值税；如果将折扣额另开发票，不论其如何处理，均不得从销售额中减除折扣额。按照例子来讲也就是发票计价 1 100 元，再折扣 100 元，实际发票的价税合计金额是 1 000 元。

另一种是在开具销售发票时，将赠品和商品总的销售金额按各项商品公允价值的比例分摊确认赠品和商品的销售收入，按总的销售金额征收增值税。

也就是说商品价税合计金额 = 1 000×1 000/1 100≈909. 09（元）

赠送商品价税合计金额 = 1 000×100/1 100≈90. 91（元）

第五部分
税务风险相关问题

69. 税务局在什么情况下会查税?

一个在淘宝C店销售额越来越大的电商老板问:“税务局在什么情况下会对我店这样的电商企业进行税务检查呢?”

实际上,企业可能在以下四种情况下受到税务机关的审查。

(1)被举报了,您的竞争对手或者员工把您的企业给举报了。这样一定会被查的。

(2)被关联了,也就是被其他企业涉税问题牵连,特别是涉嫌买卖发票,上游的企业有问题,根据发票的流向也会牵扯下游企业。

(3)被抽查了,每年都有“双随机,一公开”的例行检查,原则上对于同一市场主体一年内检查的次数不超过2次。对重点行业和领域,有多次被投诉举报记录、列入经营异常名录、存在失信行为、存在严重违法违规记录等情形的,或因专项整治、特殊事件或上级指令等情况另行部署定向抽查的,不受比例和频次限制。

(4)被系统预警,企业由于数据指标异常被预警,比如,存货过大,存在大量的咨询费、服务费以及进销商品不匹配等问题。

总之,电商企业在运营过程中应保持财务合规,以避免以上可能触发税务检查的情况发生。

70. 收到税务自查通知书怎么办?

收到税务局的自查通知书，通常意味着税务机关的风险预警系统已经发现了某些可能存在的问题。

自查分为三种：日常纳税自查、专项稽查前税务自查及汇算清缴中的税务自查。

如果收到了自查通知书，要注意以下几点：

首先一定要重视并且回复，如果您忽视这个问题，后果可能会直接导致税务局进行正式的稽查。这就像接到电商平台关于虚假交易的警告一样，即使申诉不一定会成功，但如果不申诉，则必定会受到处罚。

其次千万不要隐瞒，要准备好相应的材料。比如，被税务局问阿里妈妈的发票和服务合同等，可以立即登录阿里妈妈网站下载并打印出直通车、超级推荐等服务的合同。

最后，寻求专业人士的帮助是非常重要的。做合理的解释，争取大事化小。相同事情可以有不同解释理由，比如，存货减少可能是销售所致，也可能是库存转移所致。超额的推广服务费，可以是广告费，也可以是服务费。这些会计处理上的差异，都需要专业的人员来进行合理解释。

71. 为什么每个月都有电商企业被查?

当下，很多地方的税务机关对于电商企业的偷税漏税行为采取了积极的稽查行动。

主要原因是这几个方面：

（1）税务机关对于偷税漏税行为正在逐步加大稽查和处罚力度。

（2）电商稽查系统越来越完善，国税总局针对电商的稽查系统升级完成了，过去税务局不知道当地有哪些企业在做电商，更不知道有多少销售额，现在通过该系统可以清楚地知道电商企业的状况。

（3）随着科技的发展，电商行业的崛起，过去电商作为新兴产业，政府可以说是无条件支持，现在包括阿里巴巴在内的各大互联网平台也被重点监管，大家都知道电商数据是透明的，数据一旦被平台交出去，平台上的商家肯定也会受影响。

其实，现在绝大部分地方都还只是提醒和稽查头部企业，在“首违不罚”的规定下，只是要求补税，很少有重罚的。然而，未来的趋势可能有所不同。所有的电商企业应逐步合规起来，把潜在的风险化解掉。

72. 税务局查税，是以什么数据为准呢？

如果税务局要查电商企业的税，他们会以哪个数据为准呢？

第一个是店铺后台的订单数据，这里面有每一笔订单的成交金额和成交客户等详细的情况。第二个是店铺的支付宝，其后台里面有每一笔成交的收款付款等数据。第三个是公司的对公账户。

这些数据都有可能会是证据，那税务局到底以哪个为准呢？通过接触广东、浙江、河北和北京等很多地方的税务局，我们得出以下结论：

（1）基本上没有税务局去看对公账户的数据，更加不会让店铺去打印对公账户的收入明细，因为税务局也知道电商商家基本上不会把钱提到对公账户，所以就不查对公账户。

（2）店铺后台的订单数据。有些地方要求打印后台的订单数据，但不是特别多。因为这一项统计比较麻烦，最近 3 个月的数据可能还比较容易看到，超过 3 个月的则不容易查到。

（3）支付宝的后台。这里数据导出来也比较容易，而且每一笔收款和每一笔付款都有详细的数据，所以很多时候最后都是以支付宝后台的数据为准的。这里就有另外一个问题，如果通过网上银行的结账账户转账出去或者提前收款转账出去，会有用吗？其实都是没有用的，所以合理地做好业务规划，让您的企业能够规避掉这些税务风险，尽早地合规起来才是王道。

73. 涉税的举报需要有真实的店铺数据吗？

有电商老板认为举报人没有真实的数据，税务局不会受理税务举报。其实，涉税举报是不需要完全真实的数据的，只要存在合理的怀疑即可进行举报，甚至无须在店铺购买商品作为举报依据。只要是实名举报，税务局是必须受理的。

对于举报数据的准确性要求，只需要提供估算数据就可以，而不是要求完全准确。获取这种估算数据其实并不困难，可以从以下两个方面入手：

（1）店铺页面的数据是可以作为证据的，如通过商品的价格、成交的笔数，立马就可以测算出来大概的销售总金额。这个金额是可以作为一个测算的数据的。

（2）生意参谋上的数据直接可以转化成成交的数据，这个数据是比较准的。而对于职业举报人来说是有这个能力的，运用某些插件直接可以转换成真实的成交数据，在这种情况下被举报的话，数据是很容易被认可的。

综上所述，虽然举报人可能没有完全准确的数据，但只要有合理的怀疑，并能提供估算数据，税务局就会受理举报。

74. 遇到职业举报，要花钱私了吗？

现在有越来越多的职业税务举报人，他们常见的做法是没有购买任何产品，却在旺旺上声称店铺有0报税行为，并提供已举报的截图，接着问商家要不要私下解决。有好多电商店主不知如何应对。

（1）如果在合规的情况下，别人爱怎么举报就怎么举报，直接不用理睬。如果在不合规的情况下，只能解决自身不合规的问题。

（2）笔者不建议给钱私了。一方面私了会助长这些人的嚣张气焰；另一方面是一旦给钱私了了，很有可能后续还会有一堆人来举报。因为这些举报人往往是一伙的。如果屈服于其中一人，其他人就会接踵而至。还有更重要的一方面就是，即使您付了钱，举报也不会撤销的，因为一旦电商被处罚，举报人还会拿到奖励。只有解决自身的不合规才是正途。

（3）不选择私下解决，税务局来调查时应怎么办？那无非是该处罚的处罚，能做合理解释的做合理解释，后续逐步地去合规起来，至少要让主体公司完全合规。有些人认为这难以实现，但很多时候是因为自己没有做好业务规划，导致存在很多风险点。这是一时的借口。

记住一定要逐步地合规起来，只要不合规，这种问题就会越来越多，确保自己合规才是最重要的。

75. 员工举报公司偷税漏税怎么办?

经常会遇到各种各样的人举报公司偷税漏税，绝大多数都是内部员工举报的，如电商企业的补单负责人或运营人员等，因为他们知道店铺的详细数据。如果碰到这种情况，应该怎么处理呢?

关键在于提供合理的解释，否则将面临按照收入补税的风险，所以企业尽早合规起来是非常重要的。在此基础上，企业管理者还应注意以下两点。

（1）建立有效的沟通渠道至关重要。缺乏良好的沟通途径可能导致员工采取恶意举报行为。建立有效的沟通渠道可以帮助组织及时了解员工的需求、问题和意见，从而更好地解决潜在的困难和矛盾。对于员工来说，有一个可以信任的和便捷的沟通途径，可以增强他们的参与感和忠诚度，减少误解和不满的发生。同时，也可以减少员工采取恶意举报等不良行为的可能性，因为他们有信心能够通过正常的渠道表达自己的想法和意见。

（2）建立透明的公司文化，让员工信任公司。透明度可以通过公开公司的决策过程、政策和业绩等来实现。这种文化可以让员工了解公司的运作方式，能够更好地理解公司决策的背后的考虑，从而增强他们对公司的信任感。

透明的公司文化还可以鼓励员工更加开放地沟通、愿意分享意见和反馈。这种开放性有助于减少信息不对称，减轻员工的焦虑和不确定感，使他们更加投入和忠诚于公司。

76. 哪些人在举报电商的财税问题？

随着电商数据越来越透明，市场竞争也越来越大。目前都有哪些人可能举报电商的财税问题呢？

通过仔细分析被处罚的案例，笔者概括总结了三种容易去举报公司的人。

第一种是直接的竞争对手，特别是在价格上竞争非常激烈，甚至是有一些恶性竞争的行业，竞争对手经常去举报同行。

第二种就是被职业打假人举报。他们通常会购买金额较小的商品，并要求店铺开具发票。由于许多电商企业使用非绑定主体公司为客户开发票，如果没有做好规划和合理的解释，就可能导致虚开发票的情况。在这种情况下，只要有人向税务局投诉，店铺几乎都会受到违规处罚。因此，许多人会选择破财消灾，支付几元费用解决问题，这也会为职业打假人带来一定的收益。

第三种就是被公司内部人员举报。虽然这种情况相对较少，但公司的运营人员、财务人员、合伙人等也有可能成为举报者。这种举报往往源于公司本身存在问题，员工在工作中可能会因某些不愉快的事情而选择举报。这类举报分为两种情况：一是员工因社保、工资等问题到劳动局举报公司；二是员工到税务局举报公司税务问题，特别是一些补单较多的店铺，容易收到因补单被举报的通知。

以上就是当前最常见的举报类型。

77. 错误的涉税举报会对举报人有什么影响?

错误的涉税举报对举报人有影响吗? 现在有很多职业举报人，如果举报没有成功，那对这个举报人有什么影响?

错误的涉税举报对举报人的影响不会很大，因为只要举报是基于合理的怀疑，并且途径合法，就不会有问题。然而，如果举报行为构成敲诈勒索，被举报企业可以反过来举报该举报人，但这需要掌握相关证据。

首先，职业举报人在举报电商企业的时候，是需要拿到一些真实的材料，如个人的信息或者公司的信息，而这些信息对于举报人来说是很容易拿到的。

其次，涉税的举报是不单纯的举报人和公司之间的关系，这其实涉及公共利益，因此对于涉税举报而言，一旦举报就没有办法撤销了，特别是在实名举报的情况下，税务局是必须回复举报人的。这个时候如果举报人能够提供出非常多的证据出来，公司会很难处理。

最后，电商企业的税务合规性或多或少存在问题，这也是举报成功率高的原因之一。如果在完全合规的情况下被举报，电商商家只需要做好合理的解释就可以了。反之，如果企业在税务上存在不合规之处，举报是 100%会成功的。

78. 遇到被举报偷税漏税怎么办?

电商企业经常会遇到职业举报人、同行等举报偷税漏税，遇到这种情况该怎么应对呢?

在应对举报时有三点参考建议：确认事实、积极应对和内部举报处理。

（1）确认事实。核实举报内容是否基于充分的证据。举报的受理通常是有条件的，如果只是在网页上截了一张图，并没有购买店铺的商品，就直接举报店铺偷税漏税，这种属于恶意举报，举报人是没有足够的证据的。

（2）积极应对。如确认存在税务问题，应积极面对并提供合理的解释，寻求解决问题的方法。

（3）内部举报处理。对于来自合伙人、财务或运营等内部人员的举报，如有企业不合规的证据，应保持友好态度。如果违规行为符合首违不罚清单的规定，可以尝试争取不予处罚。

总之，不要盲目猜测，一定要先弄清楚情况，针对具体情况再作处理。纳税是我们每个公民应尽的义务，提醒大家要尽早地让自己的公司合规起来。

79. 把店铺关了就能规避涉税风险吗?

有家电商企业是经营美妆的，营业额比较大，接到税务机关的自查通知后，直接选择把店铺关掉，退出电商平台。那么把店铺关了就能规避处罚吗？以下两点需要了解。

（1）根据税法规定，偷税漏税行为将被无限期追查，并不受店铺关闭的影响。即使店铺已经关闭，如果存在偷税漏税的问题，税务机关仍有可能进行追溯。

（2）仅仅通过关闭店铺规避处罚是没有用的。要减少被稽查的可能性，应该先完成清税注销程序。然而，如果风险程度较高，如涉及虚开增值税专用发票等严重问题，即便注销公司也可能无法完全消除风险。

因此，面对税务自查通知，正确的做法是积极应对，配合税务机关的调查，并在必要时寻求专业法律和财务咨询的帮助，以确保合规经营。

80. 多店铺绑定一家公司，还是单个店铺绑定单个公司?

关于是多个店铺绑定一家公司还是单个店铺绑定单个公司的选择，需要从管理和纳税两个方面进行分析。

从管理角度来讲，企业数量越少越好，因为管理和账务处理需要投入时间和成本。但如果从纳税的角度来讲，笔者建议是能分开尽量分开，主要有以下三个原因。

（1）减税。单个企业规模小，能够享受国家的优惠政策。比如，小规模纳税人（2023 年 1 月 1 日—2027 年 12 月 31 日）月销售额 10 万以内，免征增值税。

（2）清晰。多家店铺在一起，多少会有点混乱。单个店铺单个公司，可以一一对应，会更清晰。

（3）避免牵连。一个公司多个店铺，一旦出现问题，容易引发相互之间的牵连。如果每个店铺都有独立的公司，那么可能出现的问题就会局限于单一店铺和其对应的公司之间。

综上，笔者建议适当地分开，具体如何划分应根据每个企业的具体情况而定。

81. 买了家外地的天猫店，可以把公司迁到本地吗?

购买了外地的天猫店铺后，是否可以把公司迁移到本地呢？这会对店铺权重产生影响吗？虽然可以进行店铺迁移，但需要注意几个方面的影响。对于天猫专营店而言，主体变更可能无法直接完成，这时可以采用迁移的方式作为“曲线救国”的策略。

迁移用于店铺跨市或者跨省，相当于是在原来的城市做注销，然后到新的城市重新注册，只不过从法律主体角度认为还是一个公司。迁移对店铺的影响主要有以下几个方面。

（1）迁出后要尽快去办理完迁入手续，并且要在店铺后台提交新的公司信息，否则如果被系统检查出，店铺会被限制交易。因为这个系统检查是自动核验的，如果不及时更新，一定会被查到。

（2）在办理迁出的过程中，需要完成清税工作。如果税务存在不合规问题，可能会面临补税的情况。所以一定要提前做好账。

（3）完成迁入后，相当于一个新公司，所以花呗、信用卡付款以及店铺贷款都会受到不同程度的影响。这相当于系统要对这个公司的信用重新计算，才能给出新的信用值。

综上所述，虽然迁移是可行的，但需要注意这些潜在影响，并确保在整个过程中遵守相关规定。

82. 准备做新店铺，在财税合规上要注意什么？

陈老板是在“得物”上卖潮鞋的，之前有个个人店铺。由于生意做得不错，现在他打算注册新公司开设企业店铺。想了解财税合规方面需要注意的事项。

对于新开设的企业和店铺，在财税合规方面，笔者有以下三点建议。

（1）学习一些基本的财税知识。设立公司至少得知道涉及哪些税，什么时候申报缴纳，哪些红线是不能触犯的，哪些错误是犯了要负刑事责任的。

（2）慎重地选择企业的注册地和企业类型。根据实际情况来选择最适合自己的企业类型，因为不同的企业可能涉及的税种是不一样的，不要盲目选择有限公司，个体户、个人独资企业、合伙企业等都是可选的选项。再者看看哪些地方能够有地方性的税收优惠政策，总体核算下来企业整体的税负成本是在能承受的范围，以此综合判断适合自己的企业类型和注册地。

（3）从一开始就实现基本的财税合规。很多老板认为财税合规的成本很高，但实际税负通常只占利润的1~2个百分点。既然您的业务已经步入正轨并开始盈利，那么合规经营可以帮助企业更长久地发展。

当然，以上三点建议适用于业务已经成熟的企业。如果您是从零开始创业，笔者建议先以最简单的形式（如个体户）开展业务，确保自己能够稳定运营，然后通过合理的调整逐步扩大业务。

83. 淘宝店铺年检信息对财税合规有什么影响?

电商征税的难点就是个人店铺的处理。《网络交易监督管理办法》明确规定，年交易额10万元以上就需要绑定工商登记的主体。

淘宝店铺的年度审核信息主要涉及联系方式和实际经营地址，笔者认为后续会有两个方面的影响。

第一，工商部门的管理会越来越规范。过去，由于工商部门难以确定实际经营者，许多店铺的问题往往不了了之。

第二，各地的税务局对店铺的纳税监管会逐步加强。接下来每年1月和7月，平台都需要向相关部门上报商家的经营信息，包括填写的地址和电话。

无论是线上企业还是线下企业，国家都一视同仁，特别是在实体店经济不景气，电商平台的发展迅速的情况下。所以对电商企业而言，尽快实现财税合规至关重要，这样才能确保未来的可持续发展。

84. 多个平台有多个店铺，业务上怎么规划呢？

很多电商财务想了解关于如何在淘宝、天猫、京东和拼多多等多个电商平台进行多店铺业务规划的问题。

许多电商企业在这些平台上开设了多个店铺，有的是同一品牌的不同店铺，有的则采用店群模式经营。从税务风险规避和业务规划的角度出发，以下是笔者的一些建议。

（1）进行合理的业务规划。避免将所有店铺都绑定到同一个公司主体下，可以考虑将不同的店铺分别与不同的公司主体关联。这样的安排有助于利用税收优惠政策，比如，月销售额 10 万以内的店铺，免征增值税，享有企业所得税的优惠政策。

（2）根据平台要求确定纳税性质。根据各个平台的要求来选择合适的公司类型。例如，入驻天猫需要成为一般纳税人，而淘宝和拼多多则不需要。因此，可以根据这个需求选择不同类型的公司注册。

（3）明确人员和成本归属。将每个店铺的员工和成本对应到相应的公司。例如，负责 A 店铺的员工应由 A 公司签订劳动合同，负责 B 店铺的员工由 B 公司签订合同。这样可以使各个店铺的成本费用更加清晰，方便财务处理。

综上所述，以上三点建议可以帮助电商企业更好地规划多平台多店铺的业务，并降低潜在的税务风险。

85. 店铺可以绑定一个并未经营的个体户吗?

有个刚进电商行业不久的老板，由于对电商平台的规则、税务规定及工商知识都不了解，想了解这样一个问题：店铺绑定了一个个体户，但这个体户没怎么经营，是不是可以不管了呢?

答案当然是否定的。必须管，而且至少有两件事情是必须去做的。

一是进行税务登记。尽管他已经完成了工商登记并开设了店铺，但尚未在税务局进行登记。根据现行的税务管理规定，这可能会导致 2 000 元至 10 000 元不等的罚款（具体金额视地区而定）。建议详细了解当地的规定。

二是进行零申报。即使没有经营活动和收入，也需要进行零申报。尤其要注意的是，即使个体户或公司名下没有员工，个税仍然需要申报。零申报也是一种申报方式。

此外，如果这个店铺或主体长期未使用或计划不再使用，建议进行注销。许多人认为注销很麻烦，但实际上并非如此。如果企业没有经营活动，注销过程相对简单；即使是长期经营的企业，只要账务清晰、债权债务明确且无待处理的违规事项，也可以进行注销。

86. 电商财务最主要的风险有哪些?

很多电商老板，都问到这样一个问题：电商财务最主要的风险有哪些?

这里简单介绍三点供大家参考。

（1）现金流管控的风险。资金的有效管理能够保障企业的现金流，良好的现金流才能使企业更持久、更健康地发展，很多企业最终走向倒闭的原因就是资金链断裂。

（2）补税罚款的风险。目前被处罚的商家其实并不多，但电商企业的税务风险相对较大。主要是平台的数据是透明的，因此相较于传统企业，电商企业的税务风险将会更高。

（3）利润低的风险。电商企业为了更好地销售商品通常会积压很多库存，导致资产的流动性变弱，企业的货币资金减少。此外，电商企业如果想提高销量，需要在平台上投入大量的推广费用，这将进一步降低企业的利润。很多电商企业看似毛利率很高，但是核算下来净利润却很少，甚至处于亏损状态。

综上所述，电商企业在财务管理方面需要谨慎对待这些潜在风险，并采取相应的措施进行防范。

87. 天猫店铺的推广费不找阿里开票能降低风险吗?

黄老板专门在天猫平台卖宠物粮食，他公司的财务有个问题：天猫店铺的推广费不找阿里开票能降低风险吗?

答案：能降低风险，但并不能从根本上解决问题。

能降低风险是因为没有进项发票会减少因为进项票比对而导致的风险。有些地方会根据阿里开出的佣金服务费发票算出店铺的营业额，从而导致异常提示。

但为什么不能解决问题呢?

一是因为风险还在，只要有一天被抽查，店铺所有的数据都还存在。

二是付出去的成本不开票，一般纳税人就无法抵扣进项和公司的成本费用，直接导致公司的增值税和企业所得税虚高，这样非常不划算。

电商利润低，如果不进行合规的业务调整，那生意是没钱挣的。因此要长远地解决问题，就必须合理合法地降低成本。

88. 之前未进行纳税申报，现在可以主动申报吗？

如果天猫店铺之前没有进行过纳税申报，想要现在主动申报可以吗？会不会因此导致“自投罗网”？

实际上，大多数企业都是合规经营的。在我们看来，为什么会觉得好像周边企业都不合规呢，其实电商行业有其特定的历史环境，但接下来肯定也是会要求合规的。如果您想合规的话，就必须正规地进行申报。

为了顺利实现合规，笔者建议您从以下两个方面着手。

一是，逐步合规起来。如果操之过急，很容易引起数据异常，如果被税务局的系统预警，那很有可能会要求核查。

二是，提前做好规划。如果不预先制定计划，过去的所有历史问题都可能暴露出来，这种情况下，您可能就会面临补税罚款了，但如果提前规划好，规避掉历史风险，即使面临稽查或约谈，只要经营是合规的，企业就不会有任何问题。

89. 同一个地址注册了多家公司，税务上有什么风险吗？

地址相同，股东、法人代表也相同则很容易被关联，而且也容易引起税务专管员的警觉。他们会思考：为何在可以由一家公司承担业务的情况下，要注册多家公司呢？有没有可能是用来虚构业务的？

当然如果公司经济业务真实，纳税合规，就不会有问题。如果不完全合规的话，则应尽可能做好风险规避。

首先，如果要注册多家公司，尽量避免使用同一地址或同一门牌号，否则可能被视为同一家公司。

其次，设计好合理的股权架构，不要都用个人去持股，用架构来规避基础的风险，老板完全可以只作为投资人。

最后，谁负责业务，从法律角度来看，就可以让谁担任法定代表人。例如，阿里巴巴的实际控制人与法定代表人并不相同。

因此，除了遵循法律法规之外，还可以通过合理的企业架构和制度设计来规避风险。

90. 如何处理历史税务问题？

很多老板都担心过去的税务问题，怎么能够规避历史风险？

通常情况下，我们建议进行主体变更，即将一个店铺的主体公司从原来的 A 公司更改为 B 公司，然后将旧公司 A 注销掉。在注销过程中，会要求清税，当然很多人会担心注销公司办理清税证明要补缴税款、罚款等，其实我觉得这种担忧往往是多虑的。

首先，在注销时一定要把账务处理好，虽然偶尔会有要求查看账本的情况，但这并不常见。

其次，对于电商企业来说，如果营业额很高但未完全申报，只需按照正常流程办理注销即可。如果有条件，可以选择一般注销程序。

最后，去看看注销的企业多不多，如果注销企业很少，那么确实抽查的概率会高很多，而如果注销企业较多，抽查的概率就会降低，所以这种情况下其实您并不用太担心。而且现在国家都在推行简易注销，原来注销的时间为 45 天，现在只需要 20 天就行了。所以在税务局没有主动找您的情况下，其实把历史的风险给剥离掉，对企业来说反而是件好事。

91. 公司注销后，会被要求补税吗？

有些电商老板想切割历史税务风险，想把公司注销，但又担心因为注销被要求补税。

答案是：这取决于多种因素，比如，企业的实际情况，税务局对注销的管理程度等。笔者主要从以下三方面进行分析。

（1）有一定被要求补税的风险。注销肯定要提前做好准备，把主体切换完，主动注销，总比被动处罚要好。

（2）在电子税务局上进行注销预审核是一个很好的方式来提前发现并处理存在的风险。当企业打算注销时，通过电子税务局的“注销前置事项办理套餐”或类似的模块，可以清楚地了解到企业在注销前需要完成的所有必要事项。

这个功能可以帮助企业在正式提交注销申请之前，逐项检查和处理未完成的业务，如清算报备、当期税务申报等。这样做的好处在于，它能让企业避免因遗漏某些关键步骤而导致注销流程受阻或者引发后续的法律问题。因此，对于打算注销的企业来说，利用电子税务局的这一功能进行预审核是非常有益的，其可以帮助企业更顺利地完成注销程序。

（3）如果是电商企业成立时间长且营业额较大的，注销后被要求补税的风险是比较高的。一家企业经营了 10 年，没收入还不倒闭往往积累了很多风险。因此，笔者建议企业注意风险。

92. 淘宝店年营业额超600万元有没有风险?

有电商企业老板问，淘宝C店绑定的是个体工商户营业执照，过去12个月营业额超过了600万元，有没有风险?

答案是：有！笔者总结了以下三点，供大家参考。

（1）根据我国税法规定，连续12个月累计销售额超过500万元的企业主体必须升级为一般纳税人。对于600万元的销售额，这显然已经超过了小规模纳税人的标准。

小规模纳税人在增值税上是按照3%的征收率计算的，而且不能抵扣进项税额。而一般纳税人销售货物一般是按照13%的税率计算销项税额，购进的货物可以按照增值税专用发票上的税额从销项税额中抵扣。

因此，作为一般纳税人，如果缺乏足够的进项发票进行抵扣，那么其增值税的税负率可能会非常高。这种情况不仅会导致企业的税收成本增加，也可能会引发税务问题，可能被税务局认为存在偷逃税款的风险。

（2）个体工商户的生产经营所得是按照5级超额累进税率来计算的，最高税率为35%。如果销售额超过50万元，就需要按照最高税率来缴纳个人所得税。

在这种情况下，对于销售额超过500万元的企业来说，以个体工商户的形式核算并不划算。除非企业能够在当地获得大额核定，否则按照35%的税率缴纳个人所得税，这将是一项重大的财务负担。在货物的毛利率很低的情况下，年应纳税所得额比较少。

（3）对于销售额不超过500万元的企业来说，利用个体工商户的形式可以享受到一些税收优惠政策，并且总体的税费负担不会很高。

然而，当销售额超过500万元时，确实需要考虑将业务拆解，以避免按照最高税率缴纳个人所得税。这并不意味着要减少业务规模或放弃增长机会，而是需要采用合理、合法的方式进行业务拆解和税务筹划。

实际上，只要企业能够合规地处理业务，并充分利用各种税收优惠政策，即使销售额超过500万元，也完全有可能实现较低的税费负担。在不超过500万元的情况下，企业的税费甚至不超过2万元。

93. 注册地和办公地不同，税务归哪里管？

很多网店的主体公司，其工商登记注册地和实际办公场地不在同一个地方，甚至不在一个城市。那么相关的税务，到底是属于谁管辖呢？

答案：税务方面的责任和义务仍主要由注册地决定。

另外，给大家补充以下知识。

（1）我国的税收管理遵循“属人又属地”的原则，这意味着注册地和办公地都具有税收管辖权。如果企业只在外地注册主体公司，而实际经营地没有进行工商登记，那么两地税务局都有可能对企业的税务问题进行调查。

（2）对于那些办公地和注册地不在同一个地方的企业来说，一个合规的做法是在办公地成立分公司，并承担部分职责和业务。

这样做有以下四种好处。

一是工商登记合规：通过在办公地设立分公司，企业可以完成工商登记手续，确保其在实际经营地的合法性。

二是税务合规：根据我国税法规定，分公司可以独立核算，也可以合并到总公司进行核算。这样企业可以根据自身情况选择最适合的税务处理方式，同时保持税务合规。

三是责任划分：设立分公司后，企业的责任更加明确，这有利于企业在不同地区进行运营和管理。

四是风险分散：通过设立分公司，企业可以在一定程度上分散风险，降低单一地区的税收或法律问题对整个公司的影响。

（3）合理地进行业务拆解和搭建企业的组织架构，可以帮助企业充分利用不同城市的税收优惠政策，并降低税务风险。像一些独立的业务部门，可以单独设立公司，以自己的名义独立承接业务。

综上所述，纯粹地在外地注册，本地办公，不做工商和税务登记，并不能规避风险，反而会增加双重涉税被查的风险。

相反，通过合理的业务规划和结构调整，企业不仅可以避免风险，还能实现节税降税的目标。

94. 现在开始合规，以前的偷税漏税会被追责吗？

有电商企业的股东经营了好几年的店铺不准备换主体，原因是名字比较好听。如果从现在开始合规起来，那么以前偷税漏税问题会被追究吗？

答案：会！这里给大家讲三点。

（1）税务机关有权对逃税行为进行永久追查。一般来说，税务机关会重点审查最近3~5年的税收情况，但这并不意味着税务机关不会追溯更早的年份，这个尺度是由具体执行人根据情况来确定的。

税务机关在执行过程中，将对企业过去的纳税情况进行全面审查，以确定企业是否存在逃税、偷税、漏税等违法行为。对于发现的问题，税务机关将依法进行处理，包括要求补缴税款、加收滞纳金、罚款、追究刑事责任等。

（2）一些公司一开始并没有完全合规的，但是陆续通过注销、剥离和转移合规的主体收购不完全合规主体的业务等方式，让整个企业合规起来。

（3）如果只是因为名字好听才没有更换主体，那么可以采用保留商标方式。抖音的母公司是“字节跳动”，美团的母公司是“三快”，其实没有人会在乎公司名称，核心是品牌的影响力，而品牌、商标是可以过户的。所以没有必要为了公司名称，让公司存在一些风险。

95. 开店前是否需要提前学习财税知识？

电商开店前，是否需要提前学习财税知识呢？

答案是肯定的！且需要注意提前学习和了解一些财税相关的基础知识，不要等到店铺做到了一定的规模，年营业额有 1 000 万元以上，才来学习财税知识。主要有以下三个方面的原因。

第一个方面，存在的风险不知道什么时候会爆发，但肯定不会超过 2025 年。因为根据 2021 年中共中央办公厅和国务院办公厅联合发布的《关于进一步深化税收征管改革的意见》，我们俗称的税改方案，2022 年就要一户式和一人式管理，2023 年要从以票治税到以数治税，2025 年要实现成效。也就是说在接下来的 2 年内，税务问题一定会爆发。

第二个方面，电商数据是透明的，各税务局都会拿到企业在各个电商平台的成交数据，只要一比对就可以知道有没有据实申报。很多人不相信税务局能拿到数据，但是从浙江很多被税务局通知的案例中看到，税务局把一个企业在每个平台，不管是淘宝、天猫、拼多多、京东还是唯品会的店铺数量、成交额，都一清二楚，不要低估了税务局利用大数据的能力，而且现在规定各个平台要主动向税务局和市场监督管理局同步店铺数据。

第三个方面，国家正在执行依法治国策略。依法治国是我们国家的基本方略，适用于所有行业，包括电商行业。在电商领域，法律法规的制定和执行对于保障市场秩序、消费者权益、企业合规经营等方面都至关重要。电商行业的法律法规通常涉及电子商务交易、网络信息安全、知识产权保护、消费者权益保护等方面。通过建立健全的法律体系和监管机制，可以有效规范电商市场，防范各种违法违规行为，促进行业的健康发展。

所以不要掉以轻心，建议有打算在电商平台开店的人员提前学习和了解财税知识。

96. 淘宝店铺没入账的收入，会有什么处罚？

一些电商老板的淘宝店铺收入没有完全入账的，都在担心没有入账的部分会有什么处罚呢？

答案：这个其实很简单，就是作偷税漏税处理。法律上这是逃税罪。按照规定，企业不仅仅要补税，还需要按照应交或未交税款 0.5~5 倍的罚款。具体处罚多少，税务局在此范围内是有自由裁量权的。

对于电商企业来说，最难的其实是数据太透明了，只要产生交易就会留下证据。而且现在很多店铺还有补单的情况，这就更加难以完全合规了。

当然了，这些问题也不是无解，合理地做好业务规划，调整企业的业务结构和性质，是可以避免一些不必要的风险的。

就我非常熟悉的行业，某个上市公司名下的天猫店有大规模的补单现象，这其实是不合规的，但是这家公司在上市的时候并没有把店铺的主体放在上市公司的主体内，上市公司和天猫店铺的主体公司，在法律上构成了经销商关系。所以哪怕天猫店铺出了什么问题，也和上市公司无关。

所以调整好业务的架构和形式，才能合理地做好低成本的合规纳税。

97. 在多个城市办公，在哪里交税呢？

有个电商老板想了解：“我在杭州和广州都有公司，当地有员工办公，税应该怎么交呢？”

我的回答是：“这意味着您的公司在两个不同的城市都设有分支机构，需要分别向各自所在地的主管税务机关申报纳税。”

以下是一些可能涉及的税种及其处理方式。

（1）增值税。分公司若办理了税务登记，则其为独立的增值税纳税人，应单独申报缴纳增值税。每个分公司的增值税应当在其注册地进行申报和缴纳。

（2）企业所得税。对于企业所得税，通常选择汇总申报或者分开申报。汇总申报意味着将所有分公司的收入、成本、费用等信息合并到总公司的报表中，在总公司所在地统一申报企业所得税。分开申报则是在每个分公司的所在地按照各自的经营情况进行所得税申报。初期可以应用非独立核算，因为亏损可以在总公司抵扣，后期可以根据业务来调整，如变成子公司能够更好地利用税收优惠政策。

（3）个人所得税。对于员工工资薪金的个人所得税，应在工资发放地按月代扣代缴。也就是说，杭州的员工工资的个税由杭州的分公司代扣代缴给杭州的税务局，广州的员工工资的个税由广州的分公司代扣代缴给广州的税务局。

（4）其他地方税费。除了上述主要税种外，还可能存在一些地方性的税费，如印花税，这些也应根据当地的规定在各个分公司所在地分别缴纳；员工的个人所得税和社保等，建议都在实际办公地交。万一有什么纠纷，都在当地解决。

如果规模比较大，多个城市之间又有税收优惠政策的差异，可以考虑调整业务结构，将主要的收入放到有税收优惠的城市和园区，这样可以更节税，也可以拿到更多的返税。

98. 给客户的好评返现要交税吗?

在电商行业，企业给予客户的返现情况十分常见，如好评返现、晒图奖励、退差价、退运费及售后补偿等。对此，有经营者询问此类返现行为在财务处理上应如何操作，是否需要缴税？

答案：取决于返现的性质和具体的税务法规。

一般而言，情况可以分为两种。

（1）销售折扣：当返现被视为销售折扣的一部分时，退款金额应从收入中扣除，收入按冲减后的金额计算。例如，在退货差价的情况下，如果商品原价为 100 元，退还 10 元，则收入记录为 90 元即可。

（2）营销费用：如果好评返现被视作企业的营销手段，那么它应当记入销售费用。这种情况下，评价返现是一种常见的促销方法，因此应该作为销售费用进行记录。

无论采取哪种方式，都必须保留与客户的相关沟通记录（如聊天截图），以及支付宝或银行转账的退款记录，这些证据是财务做账所必需的。

另外，需要注意的是，好评返现是不被允许的。根据电商法和平台的规定，商家不得以任何形式诱导消费者做出不真实的评价。甚至有些平台认为，即使是提供评价奖励的小卡片也可能被视为引导用户作出不合理评价的行为，这可能导致商家受到处罚。因此，我建议使用“评价现金奖励”的形式，而不是明确要求“好评”。

99. 税务局如何查电商的账?

一个从事电商很多年的老板问:"税务局是如何查电商企业的税的呢?"

各个地方税务局对电商企业的税务检查方式有所不同。基本上可以归纳为以下两种。

第一种是针对不太熟悉电子商务操作的稽查人员。他们通常会依赖企业会计所做的账本,通过检查账目来寻找存在的问题。对于电商企业来说,即使存在一些问题,也不会造成太大的影响,因为涉及的金额相对较小。

第二种则是由精通电子商务操作的稽查人员进行检查。例如,我们在与苏州的一个客户打交道时就遇到了这种情况。稽查人员要求企业打开天猫后台,并进入账房界面,直接查看销售数据和成交记录。这样,他们能够迅速了解企业实际收入情况,并将这些信息与企业记录的收入进行对比。如果发现有大量未计入收入的交易,且企业无法提供合理的解释,稽查人员可能会根据这一情况对企业进行处罚。这种方法既准确又高效,从税务局的角度来看,具有很高的成本效益。

因此,许多企业家可能会考虑采用提前收款、避免公账等手段来规避税收。然而,实际上这些做法并无太大用处。此外,提前收款还会产生额外的手续费,例如,支付宝到银行卡转账时需要支付 1% 的手续费。与其如此,不如将这部分费用用于企业逐步走向合规经营的道路上。

综上所述,无论是哪种稽查方式,电商企业都应该注重自身的财务合规性,确保经营活动符合税法规定,以降低潜在的税务风险。

100. 电商企业的风险主要来自数据透明吗？

一位电商老板提出了一个问题："电商企业的风险主要来自数据透明吗？"

从税务风险的角度来看，数据透明确实是电商企业无法忽视的问题。站在税务局的立场上，这是稽查成本最低的方式之一。

首先，所有的店铺成交数据都是不可删除和篡改的，这使得税务局在检查企业税务问题时比线下调查更加高效。只要要求企业打开账房界面，就可以直接计算出营业额，并与企业申报的数据进行对比。如果发现有明显的差异，可能会发出处罚通知书。

其次，数据的互联互通更是对非法电商企业构成了挑战。国家税务总局已经建立了一套针对电商的稽查系统，各地税务局可以清楚地了解到当地有多少企业在从事电商业务以及他们的营业额情况。

最后，补单的数据也给非法电商企业带来了难题。这些交易本就是不真实的，非法电商还需要为此缴税，其运营压力将非常大。

因此，对于许多电商企业来说，首要任务是先解决这些潜在的风险。任何规划都应该提前做好，否则一旦出现问题，只能面临补税和罚款的局面。

101. 金银首饰店铺怎么合规纳税？

有一位经营金银首饰的电商老板有个疑问："如何让店铺合规纳税？"

由于销售金银首饰涉及消费税，因此有必要单独讨论这个问题。消费税是指在特定消费品流转环节征收的一种税种，不同商品的征税环节可能有所不同，有些在生产或进口环节征收，有些则在零售环节征收。如果在征税环节设置较高的销售额，可能会导致需要缴纳较多的消费税。

这里提供三点建议。

首先，尽量减少征税环节的销售额。这需要根据所销售的商品类别来确定，因为不同的商品类别的征税环节可能不同。

其次，许多金银首饰店会涉及加工程序，而这些加工通常由私人小作坊甚至个人完成。在这种情况下，应尽可能取得进项发票。如果对方是自然人，则可以去税务局代开发票；或要求对方可以成立个体工商户开具发票。这种方法成本较低，但需要注意的是，必须基于真实的业务进行合理的发票设计，避免虚开发票。

最后，采购环节要尽量要求供应商开具发票。有时，成本占比较高的供应商可能不愿意开具发票，这是很多店铺难以合规的重要原因。无法从上游获得成本发票会导致企业利润虚高，从而多缴企业所得税。

对于主营金银首饰的店铺，在零售环节需要按照不含税销售额的 5%计算缴纳消费税。因此，在销售时最好避免与那些不征收消费税或不在该环节征收消费税的产品组成礼盒套装销售，以防止增加消费税的计税依据，导致多缴消费税。

总之，如果销售的商品涉及消费税，应尽早了解相关的征收环节和适用税率，确保店铺合规运营。

102. 银行的基本户和一般户，以及网商银行结算账户，在税务风险上有什么区别吗？

有一位电商老板问，是否可以将支付宝的资金全部转到一般账户，而不是基本账户，并按照基本账户的金额进行申报，然后注销一般账户以规避税务风险？

实际上，在税务机关的视角下，企业的基本账户和一般账户并无本质的区别。无论是哪个账户接收了资金，这些资金都应被视为企业的收入，并且需要进行申报纳税。关于这点，有以下三个要点需要注意。

首先，不论是基本账户还是一般账户，税务机关都有权对其进行查询。问题的关键并不在于资金是如何转账的，而在于哪些收入应该被正确地申报和纳税。

其次，网商银行的结算账户与企业的一般账户在本质上并无不同。尽管网商银行没有实体网点，但其账户同样受到监管。虽然目前许多地方对网商银行的结算账户的关注度较低，但这情况可能会随时发生变化。

最后，银行并不负责处理企业的税务问题，因此，资金的转账并不代表不存在涉税风险。企业的核心目标应该是确保主体公司在实现完全的合规性的前提下不增加现有成本。

103. 公转私要注意哪些风险？

有些电商老板担忧：企业公转私，会面临什么样的风险？

以下列举了三个主要的风险点，需要引起关注。

（1）大额转账可能导致银行系统自动报告并冻结账户：当通过私人账户进行 5 万元以上的收款时，银行系统通常会自动上报。如果转账金额异常大且交易流水频繁，银行可能会暂时冻结相关账户。即使解释资金是用于补单，也可能需要到派出所开具证明才能解除冻结。

（2）被视为分红收入，可能面临税务机关的补税和罚款：企业经营利润进入个人口袋时，通常需缴纳 20% 的个人所得税。如果没有明确的资金来源，企业将难以解释这些资金的合法性。

（3）供应商涉税问题可能影响整个供应链：许多电商老板发现，在向其上游供应商付款时，对方拒绝接受法定代表人或股东账户的转账，并且要求转入其他人的账户。这是因为供应商意识到，一旦资金进入他们的个人账户，就可能被视为账外收入，从而引发税务机关的审查和罚款。

总之，大规模的公转私业务往往容易出现问题。因此，企业应通过合理地设计和调整业务流程，确保根据实际经济业务进行合法合规地申报纳税，这才是真正的解决之道。

104. 家庭财产与公司风险如何进行有效的隔离?

很多电商企业主会担心:“家庭财产与公司风险如何进行有效隔离?”

做生意毕竟都有风险，生意有起伏可以接受，但一定要确保家庭财产稳定。

我们需要明确可能面临的风险类型，主要分为债务风险和税务风险。

（1）债务风险主要源于企业架构设计不当。例如，在个体工商户或个人独资企业的形式下，法律要求经营者承担无限责任。一旦企业资不抵债，就可能导致家庭财产受到威胁。

（2）税务风险则体现在金税系统环境下，如果夫妻双方都是公司的股东，他们的个人银行账户可能会受到监管。任何无法解释的进账都可能带来麻烦。

因此，笔者有以下三个建议。

（1）在夫妇两人中，至少有一人不应作为实际经营公司的股东或法定代表人，以避免有直接的债务风险。即使没有特殊约定，所有资产通常都被视为共同财产。

（2）对于税务风险，可以考虑使用个体户或个人独资企业的形式进行纳税合规，这有助于降低因税务问题引发的风险。

（3）合理构建企业架构，建议采用合伙企业持股、有限公司经营的双层组织结构，让股东在有限范围内承担额度内的无限责任。这样可以有效地隔离风险，保护好家庭财产。

总之，通过上述措施，我们可以帮助企业主们在创业过程中实现家庭财产的有效保护，并确保风险得到妥善管理。

105. 税收征管改革的意见，对电商企业有什么影响?

许多电商企业主向我咨询："关于深化税收征管改革的意见对电商企业有何影响?"

答案是：合规已成为必然趋势，并且速度比许多人预期的要快。《关于进一步深化税收征管改革的意见》（以下简称《意见》）由国务院办公厅制定，具有最高级别的权威性。

首先，电商征税已成定局。结合 2023 年 6 月国家税务总局针对电商的稽查系统升级完成，电商税务问题将成为所有电商企业必须面对的问题，尤其是营业额大的企业更应优先规避风险。

其次，电商行业暗地偷税漏税的可能性几乎为零。一方面，该《意见》提出加强对重点行业的监管，电商作为被普遍认为存在严重收入少报的行业，必将受到重点关注。另一方面，全国电子发票体系基本建成，随着线下系统的打通，2024 年逐步实现全领域、全环节、全要素的电子化。因此，通过少计收入来偷税漏税的方法已不再可行。

最后，改革意见明确指出，单纯利用税收优惠园区虚开发票的行为将被重点关注。因此，不要只关注所谓的税收筹划，而应该确保业务的真实性和合法性。

总之，尽快实现合规经营至关重要，因为改革的落地可能会比您预想得更快、更大。

106. 金税四期上线后，对电商企业有什么影响?

一个专门做抖音平台，且体量非常大的老板问道：“金税四期上线后，对电商企业有什么影响?”

根据已公开的信息，笔者认为主要有四个方面。

（1）非税业务的全面监控：如社保缴纳情况等。

（2）多平台信息共享：建立各部委、人民银行及银行等机构之间的数据通道，实现与银行的数据对接。

（3）企业信息自动核查：包括企业相关人员手机号、纳税状态、登记注册信息，以及电商平台的数据。

（4）全业务全流程云端打通：实现“税费”全数据的智慧监管和智能办税。

对于电商企业来说，以下三个方面可能会陆续出现问题。

（1）员工社保是否足额缴纳？未缴纳社保而发放工资的情况将会直接暴露出来。

（2）一些电商企业通过提前收款等方式将资金转入私人账户，以少计收入来偷税漏税。随着银行数据的打通，此类问题将直接暴露出来。

（3）电商企业的销售额和纳税申报金额被系统比对，立即就能发现是否存在偷税漏税行为。过去税务部门可能无法掌握这些信息，但随着系统的升级，所有数据都将一目了然。

因此，电商企业应尽快逐步实现合规经营，至少要先规避上述风险。否则等到税务部门约谈时，只能面临补税罚款的结果。

107. 主播补税对电商行业有什么影响?

一个知名度大、人气很高的主播有个问题：“主播被要求补税对电商行业有什么影响?”

这里笔者主要从以下三方面来谈。

第一，现在主播行业被要求征税。新闻曾曝光过几位主播补税和罚款的金额，让人瞠目结舌。当然这也从侧面反映出当下一些主播的收入是相当可观的。

第二，主播可以说是电商的关联行业，都是可以通过大数据稽查的方式来找到问题的。这点在税务局的文件里就有提到。这说明税务局已经掌握了电商相关的数据，就看怎么征税处理而已。

第三，电商只是没有主播那么容易挣钱，但是在共同富裕的大背景之下，一定会调节社会财富的分配。

因此，提醒各位主播尽快合规，依法纳税。

108. 电商企业税收优惠园区还能不能用呢?

前段时间很多人问:国家税务总局发了文件,讲投资性的个人独资企业和合伙企业取消核定征收,那么电商行业的税收优惠园区到底还能不能用呢?

答案是:正常业务用地还是可以用的,但投资性质的就别用了。

首先,正常业务用地虽然仍然可以使用,但需要谨慎对待,特别是在确保物流的匹配性方面要格外注意。虽然四流合一并非绝对标准,但如果无法做到四流合规,存在明显的问题,就是不合理的。对于服务性质的业务,务必确保交付物品的质量,并妥善保存足够的证据链。因此,在使用税收优惠时需要慎之又慎,要根据自身业务的实际情况,切勿因一时之利而违规操作。例如,如果企业的人员和货物都在 A 城市,而将 B 城市作为店铺主体,并与企业主自身没有任何经济关系,这显然是存在问题的。

其次,对于具有投资性质的企业,最好避免使用税收优惠。牢记一个原则,即国家有明确规定的事项绝不可违反,切忌抱有侥幸心理。此前针对主播的核定征收已经进行,而此次取消的是投资性质的个人独资企业和合伙企业,务必不可触犯这些法定红线。

最后,如何判断政策是否稳定?最直接的方法就是查看政策是地方政策还是中央政策。凡是中央政策,可以认为是相对稳定的;但如果是地方政策,很可能在某一天突然发生变化,甚至可能事后追究责任,因此需要谨慎使用。

109. 税务局有跨境电商的数据吗?

一个做日本代购的跨境电商老板有个疑问："税务局有国内的电商数据，那跨境的数据有吗?"

答案是：国内各个平台的数据，现在税务总局都是知道的；但对于国外平台（如亚马逊）的数据，目前仍不清楚。

有几点跟大家分享下。

从政策角度来看，政府对跨境贸易有一定的支持，尤其对于出口的限制较为宽松。

然而，跨境电商面临的主要问题是个人账户收款和公户收入不匹配的问题。许多企业使用第三方支付将资金转移到老板的个人银行卡中，这容易被视为账外收入，并带来风险。因此，企业应尽量避免这种操作方式。

此外，境外账户收款也需要纳税。此前有一个案例显示，一家公司将资金留在香港公司账户，但最终仍被深圳税务局处罚。这是因为我国实行属人加属地的税收管理模式，即无论收入来源何处，只要是中国居民或在中国境内有常设机构的企业，都需要按照规定缴纳税款。

因此，企业在进行境外交易时，也应注意遵守相关税收法规。

110. 做抖音电商怎么规避税务风险?

做抖音的电商的周老板有个疑问:“抖音推出电商 App,怎么规避税务风险呢?”

抖音推出电商 App 是一个值得大家关注的现象。

一来,这表明抖音电商业务规模已扩大,对于许多电商卖家来说,流量意味着客户和生意,哪里有流量就应该去哪里做生意。

二来,抖音电商推出单独的 App 可能意味着从不确定、不可重复购买转变为可确定、可重复购买,这对于很多商家而言出现了一个可以长期经营的机会。因此,无论是淘系还是拼多多,都需要关注抖音这一流量风口,并考虑如何规避税务风险。

对此,笔者提出以下四点建议。

(1)使用新主体:不要使用淘宝或拼多多等旧主体,而是成立一个新主体进行抖音电商业务。这样可以在保持小规模纳税人身份的情况下享受相关税收优惠政策。

(2)单独主体运营:如果使用其他店铺的主体公司,一旦其中一个店铺出现问题,所有店铺都会受到影响。因此,建议使用单独主体运营,可以选择个体工商户而非公司。在抖音平台开店只需是个体工商户即可,无需公司。相对于公司,个体工商户的风险较低,且只按经营所得缴纳个人所得税,不涉及双重课税问题。

(3)注意广告费比例:在抖音电商中,特别要注意财务处理中的广告费比例。根据税务局规定,广告费不能超过营业额的 15%,而淘宝、天猫主要开的是技术服务费,现在抖音中很大一部分开的是广告费,这就有了比例限制。务必记住不能超过营业额的 15%,否则只能结转到以后的纳税年度扣除。

(4)财税合规:当业务稳定、体量增大后,一定要注意财税合规。无论通过何种方式,都应尽可能地规避法律风险。

111. 常见的涉税误区有哪些?

这次讲讲电商老板常见的五个涉税误区。

误区一：认为平台扣点无须计入收入中。例如，在天猫上销售了价值100元的商品，天猫扣除5%加上0.5%的积分，您可能认为实际收到的94.5元是收入，而不是100元。然而，这是错误的，实际上100元才是真正的收入，而那5.5元属于销售货物产生的费用。

误区二：提前收款到私户就不用缴税。无论款项转入哪个账户，只要是企业的收入都需要缴纳所得税。现在国家税务总局已经建立了针对电商的稽查系统，许多地方税务局已经掌握了电商企业的销售数据，甚至包括补单的数据。

误区三：认为个体工商户不需要缴税。虽然个体工商户不属于企业，但它是一种工商组织类型。个体工商户也分为一般纳税人和小规模纳税人，因此需要缴纳增值税以及以增值税为计税依据的附加税。此外，个体工商户还需要按照生产经营所得计算缴纳个人所得税。根据五级超额累进税率表计税，适用的税率在5%至35%之间。次年1月1日至3月31日期间，需要进行上年度经营所得的汇算清缴。

误区四：认为公司转让后就没有风险了。实际上并非如此，各大电商平台都要求“亮照”“亮证”，也就是店铺需要绑定个体户或企业来经营。如果只是卖掉店铺，没有重新变更原来所绑定的主体公司，风险仍然存在。因此，在出售店铺的同时，应将主体公司做变更，并注销旧主体公司。

误区五：认为所有进入对公账户的钱都需要缴税。这个观点也是错误的，对公账户只是一个账户，导致缴税的原因是按照实际经济业务的收入，而不是根据银行流水来计算税费。例如，收取的保证金或充值直通车后未使用完退回的资金，这些虽然属于企业的资金流水，但无须确认为收入并缴纳税费。因此，并非所有进入对公账户的钱都需要缴税，只有基于经济业务收入的才需要缴税。

112. 亏本了，为什么还会被要求补缴税款和罚款?

有个电商老板最近被税务局要求补缴税款和罚款。这位老板感到非常冤枉，因为尽管过去两年其店铺的销售额不错，但由于高昂的成本费用，企业一直处于亏损状态，凭什么还要补税罚款?

答案：实际上，无论企业盈利还是亏损，一些税费都需要按照规定缴纳。

首先，企业的增值税和附加税是必须支付的。增值税是对商品流转环节增值额征收的一种税费，因此无论企业是否盈利，都需要对这一部分增值额征税。此外，附加税是指城市维护建设税、教育费附加、地方教育费附加等的总称，其计税依据是实际缴纳的增值税和消费税。如果一家企业缴纳了增值税，那么就必须同时缴纳附加税。

其次，一些电商企业缺乏成本发票，在有销售额的情况下，应纳税所得额虚高，因此企业所得税也需缴纳。

最后，一些企业通过提前收款或使用网商银行的一般结算账户将资金转账到个人银行卡，这常常会被税务局视为分红，并要求缴纳个人所得税。

因此，企业不能以亏损为由拒绝缴纳税款。只要企业正常经营，就必须要面对各种税种和税费的申报和缴纳。无论生意好坏，企业主都需要注意规避这些法律风险。

113. 中小商家如何应对电商征税？

长期深耕于电商行业的中小企业老板担心：电商征税风险越来越大，中小商家最需要做的是什么？

答案：逐步实现合规经营。

电商征税是不可避免的趋势，而且一步到位地完全合规有难度。因此，可以分三个阶段来实施。

（1）历史风险规避和剥离：利用主体变更、跨城市迁移等规则，首先解决历史遗留的风险问题。避免一旦被查就可能面临补税罚款的情况，这可能会导致很多电商企业无法继续运营。

（2）确保主体公司合规：许多人误以为合规就意味着要缴纳高额税收，但实际上，合规企业的税率通常在 1%至 2%之间。对于电商企业而言，店铺绑定的主体公司容易受到举报和抽查，因此首先要确保公司的合规性，这样既能降低执行成本，又能避免麻烦。

（3）整体业务全面合规：包括企业的上下游进销项管理、员工社保和个人所得税代扣代缴等涉税业务。虽然在当前环境下，随着税务局监管能力的增强和企业合规意识的提高，所有企业最终将站在同一起跑线上，这是公平的。只是这个过程需要时间。

所以，企业需要逐步地将业务合规起来。

114. 同行都不合规，自己有必要先去合规吗?

“同行都不合规，自己有必要先合规吗?”

我估计很多人都是这么想的，所以自己也不管合不合规了。

这种想法是不对的，我从以下几个方面去分析。

首先，需要评估企业自身的风险和规模。如果同行的风险和规模较小，而自身的企业风险和规模较大，那么您被稽查的可能性就会更高。您可以通过关注当地是否有同类型企业受到处罚等信息来了解相关风险。对于规模较小的企业，可能不需要过多关注这些风险，但对于行业内的领军企业来说，则应特别注意。

其次，合规和规避风险是两个不同的概念。我们需要首先规避重大风险，然后逐步实现合规。

最后，我们通常说：“不怕一万就怕万一。”虽然“法不责众”，但法律可能会追究个体的责任。因此，我们应该提前做好规划，规避重大风险。

综上所述，即使同行不合规，我们也应该积极寻求合规经营，以避免潜在的法律风险。

第六部分
账务处理相关问题

115. 常见的确认收入的方法有哪些?

电商行业相比于传统行业而言，在确认收入时有些不一样，对于刚做电商行业的财务人员，可能对电商的账务处理不清楚。电商常见的确认收入的方法有哪些呢？笔者这里给大家讲 3 种方法。

（1）发货时确认

优点：当退货率比较低的情况下，直接根据发出货物时点确认收入，免去等待买家确认收货的时间，这符合权责发生制下的确认收入的依据。

缺点：当退货率较大时，此核算方法不能准确地核算当期收入。

收入金额确认：用 ERP 系统上的已发货的“线上订单号”，去匹配平台的“交易订单编号”（商家中心—已卖出宝贝），统计已发货订单号的成交金额，作为本期主营业务收入金额。

（2）按支付宝的收款金额确认

优点：数据核对较简单，省去了匹配平台的订单数据的工作步骤。

缺点：支付宝流水除了收款，还会有一些售后退款金额，只按照到账金额计算收入，将导致售后部分的收入没有核算进去，影响当期收入数据的准确度。

收入金额的确认：根据支付宝月账单的收款金额确认为当期的主营业务

收入。

（3）客户确认收货后确认

优点：由于是买家确认收货后再确认收入，货物退回的可能性极小，能准确地核算当期收入。

缺点：货物发货后，当买家确认收货时间较长时，订单的确认收入时间也跟着变长，不利于对已发货商品进行管控。

收入金额的确认：店铺后台导出《销售订单报表》，筛选在本期确认收货的订单，统计订单金额，作为本期主营业务收入金额。

以上三种是电商常见的确认收入的方式，企业可以根据情况自行选择合适的核算方式，但是一旦确定，就不能轻易更改。

116. 不同方式确认的收入怎么进行账务处理？

对于刚入职电商企业的财务人员而言，可能对电商如何确认收入不太了解，这里以案例的形式给大家讲解 3 种账务处理的方式。

假设 A 电商公司为一般纳税人，经营天猫旗舰店，主营服装销售，2022 年 9 月天猫店铺经营情况如下。

已发货订单金额 1 356 万（不含税成本金额 500 万元）。

客户已确认收货的订单金额为 1 130 万元（不含税成本金额 400 万元）。

店铺绑定的企业支付宝流水收入总计金额为 1 130 万元（不考虑其他情况）。

第一种：发货时确认收入

已发货订单金额 1 356 万，成本 500 万元。

借：应收账款—天猫平台　　1 356 万

　贷：主营业务收入　　1 200 万

　　　应交税费—应交增值税（销项税）　　156 万

根据已发出货物的成本结转销售成本：

借：主营业务成本　　500 万

　贷：库存商品　　500 万

支付宝收到款时：

借：其他货币资金—支付宝　　1 356 万

　贷：应收账款—天猫平台　　1 356 万

第二种：按支付宝的收款金额确认收入

店铺绑定的企业支付宝流水收入总计金额为 1 130 万元（不考虑其他情况）。

发货时：

借：发出商品　　500 万

　贷：库存商品　　500 万

借：其他货币资金—支付宝　　1 130 万
　贷：主营业务收入　　1 000 万
　　　应交税费—应交增值税（销项税）　　130 万

结转销售成本：

借：主营业务成本　　400 万
　贷：发出商品　　400 万

第三种：客户确认收货后确认收入

发货时：

借：发出商品　　500 万
　贷：库存商品　　500 万

客户确认收货后：

借：其他货币资金—支付宝　　1 130 万
　贷：主营业务收入　　1 000 万
　　　应交税费—应交增值税（销项税）　　130 万

结转销售成本：

借：主营业务成本　　400 万
　贷：发出商品　　400 万

以上就是三种不同方式确认收入的账务处理。

117. 调账的账务应该怎么处理?

电商财务经常遇到这样的问题：上个月做天猫店铺的收入时，没有把补单列出来，多做收入了，需要调账，应该怎么调?

这里用一个案例来给大家讲讲。

假设 A 电商公司在做 6 月份的账时，实际不含税收入为 100 万元，加上不含税补单金额 10 万元一起做成收入了，导致 6 月份虚增收入 10 万元，做 7 月份的账时需要做调账处理。

需要先冲红：

借：其他货币资金—支付宝	-124. 3 万	
贷：主营业务收入		-110 万
应交税费—应交增值税—销项税		-14. 3 万

再做回正确的账务处理：

借：其他货币资金—支付宝	124. 3 万	
贷：主营业务收入		100 万
应交税费—应交增值税—销项税		13 万
其他应收款		11. 3 万

一般跨月调账，需要先把上月做错的分录冲红，再重新做正确的分录，如果是少记了收入或费用，则不需要冲红，直接补记收入或费用就行了。

118. 天猫店铺确认收入后退换货如何做账?

很多电商都会遇到这种问题：客户确认收货，过了好一段时间，回来联系客服要求退货。这种情况要怎么处理呢?

例如，某电商公司，在天猫店铺卖电吹风，2022 年 5 月初卖给客户一台，价值 226 元，成本 80 元。2022 年 6 月初，客户反映电吹风不好用，要求退货。公司为了保持良好的信誉度，同意退货。

账务处理：

5 月初，给客户发货时：

借：发出商品 80

　贷：库存商品 80

客户确认收货时：

借：其他货币资金—支付宝 226

　贷：主营业务收入 200

　　　应交税费—应交增值税（销项税额） 26

确认收入计结转成本：

借：主营业务成本 80

　贷：发出商品 80

6 月初，公司收到客户退货，冲减当期收入：

借：其他货币资金—支付宝 -226

　贷：主营业务收入 -200

　　　应交税费—应交增值税（销项税额） -26

同时，冲减当期成本：

借：主营业务成本 -80

　贷：库存商品 -80

如果客户要求换货，等于是冲减收入、冲减成本后再重新发货，则按照 5 月从发货至确认收入的流程再做一次账务处理即可。

119. 不同促销方式的账务怎么做?

电商企业在店铺做活动时，有很多促销手段：折扣、满减、满送、买一送一、赠品、返现等。很多电商财务分不清这些促销方式在账务处理上应该怎么做?

笔者将其梳理如下：

(1) 首先折扣、满减、满送、买一送一属于销售折扣，记账时：

借：其他货币资金—支付宝存款（实际收到的金额）

贷：主营业务收入（实际收到的金额）

(2) 其次赠品属于视同销售，记账时：

借：销售费用—赠品

贷：库存商品（实际成本）

应交税费—应交增值税（销项税）

(3) 最后返现属于销售折让，应当冲减当期销售收入：

借：主营业务收入—返现

应交税费—应交增值税（销项税）

贷：其他货币资金—支付宝

以上就是不同的促销方式的账务处理方式。

120. 天猫积分怎么做账?

首先我们要知道天猫积分有三种：一是天猫扣商家的积分；二是天猫给商家的积分；三是店铺给消费者的积分。

（1）天猫扣商家的积分。一般天猫平台会按照订单交易额的 0.5%扣积分，对于这部分积分支出，天猫平台是能开服务发票的，我们把它做费用进行处理。

做账时：

借：销售费用—服务费

　贷：其他货币资金—支付宝

（2）天猫给商家的积分。这个积分是天猫补给商家的货款，为商家的收入，商家是需要开票给天猫的，那么在核算订单收入时，需要区分开来，避免重复交税，账务处理如下。

确认收入时：

借：其他货币资金—支付宝

　贷：主营业务收入

其他应收款—天猫积分

给天猫开积分发票时，账务处理如下：

借：其他应收款—天猫积分

　贷：主营业务收入

以上就是天猫给商家的积分的账务处理，虽然有点复杂，但是也避免企业重复交税。

（3）店铺给买家的积分。这个积分就类似于超市的积分卡里面的积分，当消费者在店铺里消费了，店铺就给消费者一定的消费积分，其实就是等于商家让利了，那么账务处理怎么做呢？

在确认订单收入时：

借：其他货币资金—支付宝

贷：主营业务收入

递延收益—店铺积分

消费者用积分消费时：

借：递延收益—店铺积分

贷：主营业务收入

以上就是店铺积分的账务处理方式。

121. 进口货物在国内销售的增值税怎么进行账务处理？

电商企业为了提高市场竞争力，通常会进口货物在国内销售，以满足消费者对进口商品的要求。那么，在进口货物、国内销售的过程中，增值税如何进行涉税处理和账务处理呢？以下是一个示例。

假设一家名为甲公司的增值税一般纳税人，在2022年6月进口了一批鱼竿。这批鱼竿在国外的购买价为60万元，运抵我国海关前发生的包装费、运输费、保险费等费用共计5万元。关税税率为20%，鱼竿的增值税税率为13%。在报关时，应该如何缴纳进口环节的增值税呢？

进口环节增值税应纳税额的计算方法如下：

应纳增值税=组成计税价格×税率

组成计税价格=关税完税价格+关税+消费税

由于鱼竿不属于应税消费品，因此组成计税价格不考虑消费税。

鱼竿的完税价格=60+5=65（万元）

关税=65×20%=13（万元）

鱼竿的组成计税价格=65+13=78（万元）

进口鱼竿应纳增值税=78×13%=10.14（万元）

根据上述计算，甲公司应做如下账务处理：

借：库存商品　　65万

　　应交税费-应交增值税（进项税额）　　10.14万

　贷：银行存款　　75.14万

假设甲公司在当月将鱼竿全部在天猫店铺销售，取得销售额113万元。

不含税销售额=113/（1+13%）=100（万元）

销项税额=100×13%=13（万元）

此时，甲公司应做如下账务处理：

借：其他货币资金-支付宝　　113万

　贷：主营业务收入　　100万

应交税费—应交增值税（销项税额）　　　　　　　　13万

企业在进口环节缴纳的增值税可以取得海关提供的海关进口增值税专用缴款书，其账务处理与国内购进货物的方式相同。

122. 无偿赠送商品如何进行账务处理?

电商企业在经营过程中，将外购或者自产的货物无偿赠送他人，应该怎么进行账务处理呢?

例如，A 电商公司为增值税一般纳税人，主营食品零售，为庆祝朋友公司周年庆，将外购的一批食品无偿赠送给 B 公司，这批食品购进时的不含税售价为 8 万元，同类货物的不含税售价是 10 万元。那么作为赠予方的 A 公司与受赠方的 B 公司应该如何进行账务处理?

（1）首先 A 公司无偿赠送食品给 B 公司，应视同销售货物计算应交增值税。其次，无偿赠送他人的行为虽然发生了所有权的转移，但 A 公司并未获得经济利益，企业资产、所有者权益都没有增加。无偿赠送不是企业的经营活动，更不是实质上的销售行为，因此不符合收入确认的条件，不能作为收入处理，只能按成本进行结转。

销项税额 = 10×13% = 1.3（万元）

账务处理：

借：营业外支出　　9.3 万

　贷：库存商品　　8 万

　　　应交税费—应交增值税（销项税额）　　1.3 万

（2）B 公司作为受赠方。

账务处理：

借：库存商品　　8 万

　　应交税费-应交增值税（进项税额）　　1.3 万

　贷：营业外收入　　9.3 万

通过以上账务处理得知，将外购的货物无偿赠送他人，增值税应视同销售，按照市场价值计算应缴增值税。会计核算不确认收入，按照账面成本结转“库存商品”。企业所得税应按“视同销售”处理，次年企业所得税汇算清缴时，应作纳税调增缴纳企业所得税。

123. 发生退货怎么进行账务处理?

电商企业销售货物通常会发生退货，那么电商发生退货应该怎么进行账务处理呢？电商企业发生退货后有两种处理方式，具体视企业的实际情况来选择。

第一种，客户确认收货前发生退货的，需要冲减发出商品科目余额，账务处理如下：

借：库存商品

　贷：发出商品

第二种，客户已确认收货后发生退货的，需要冲减当期收入与成本，账务处理如下：

借：主营业务收入

　　应交税费—应交增值税（销项税）

　贷：其他货币资金—支付宝

借：库存商品

　贷：主营业务成本

以上就是电商企业两种情况下的账务处理。

124. 社保稳岗补贴怎么做账?

最近，许多电商企业收到了来自社保局的稳岗补贴。这种补贴是失业保险基金为鼓励企业不裁员或少裁员而提供的支持，属于与收益相关的政府补助。企业可将这笔补贴用于员工的生活补助、社会保险费缴纳、转岗培训和技能提升培训等相关支出。我们举个例子，某电商公司5月份收到了稳岗补贴8万元，公司将这笔补贴用于购买员工的过节礼品，并取得增值税普通发票。

那么，收到稳岗补贴时：

借：银行存款　　8万

　贷：其他收益　　8万

计划将补贴用于购买礼品时：

借：管理费用—职工福利　　8万

　贷：应付职工薪酬—职工福利　　8万

购买礼品时：

借：应付职工薪酬—职工福利　　8万

　贷：银行存款　　8万

通过以上案例可知，稳岗补贴需要计入企业所得税，但无须缴纳增值税。此外，该补贴可用于员工个人福利和企业的其他经营支出。然而，如果将补贴用于员工个人福利，则需按照工资薪金缴纳个人所得税；若用于集体福利，则无须缴纳个人所得税。

125. 赠送优惠券怎么做账呢？

现在电商行业发放优惠券是常态了，电商企业赠送优惠券，应该怎么进行账务处理呢？这里也以一个案例来给大家讲解一下。

假设增值税一般纳税人甲公司，主营天猫店铺销售服装。甲公司在 2022 年 6 月 20 日做店庆营销活动，设置 50 元优惠券。优惠券在 6 月 15 日—19 日预热期对外发放，消费者抢到优惠券，可在店庆营销活动期间用于抵扣商品金额。

2022 年 6 月 15 日—19 日，甲公司在预热期发放优惠券时，尚未达成订单交易，不用做账。

2022 年 6 月 20 日，消费者购买了店内的商品，订单金额 276 元，使用优惠券抵扣 50 元，消费者实际支付 226 元。这时，优惠券相当于商业折扣，应该按照抵扣优惠券后的余额确认收入。

账务处理：

借：其他货币资金—支付宝　　226

　贷：主营业务收入　　200

　　　应交税费—应交增值税（销项税额）　　26

电商企业设置各种商业折扣活动时，直接按照折扣后的金额确认收入即可。

126. 去年忘记折旧了，今年如何补折旧做账？

李总公司的财务在2022年6月发现其忘记计提2021年固定资产折旧5万元。2021年发生的折旧，2022年能不能补计提，又应该怎么补计提呢？

以下介绍两种处理方式，供大家参考。

第一种：

根据《企业所得税法实施条例》，如果企业执行《小企业会计准则》，可在6月份补计提。

借：管理费用　　5万

　贷：累计折旧　　5万

如果企业执行《企业会计准则》，需要通过“以前年度损益调整科目”进行调整，并调整2021年的企业所得税纳税申报。

借：以前年度损益调整　　5万

　贷：累计折旧　　5万

月末结转时，假设不考虑企业所得税的情况下

借：利润分配—未分配利润　　5万

　贷：以前年度损益调整　　5万

第二种：

根据国税总局2012年15号公告，第六条规定以前年度发生应扣未扣的支出。

（1）在做出专项申报及说明后，可以在费用发生后的5年内追补。

（2）追补方式在追补确认年度企业所得税应纳税款中抵扣，如不足抵扣，可以向以后年度递延抵扣或申请退税。

（3）费用发生所属年度属于亏损的企业，需要调整费用发生所属年度的亏损额，并调整所属年度申报表。

（4）费用发生所属年度属于盈利的企业，在追补抵扣后出现亏损的，需要调整费用发生所属年度的企业所得税，再按照弥补亏损计算以后年度企业

所得税。

（5）假设李总的公司 2021 年的应纳税所得额是 10 万元，即使追补折旧后也属于盈利企业，可以在 2022 年 6 月补计提并抵扣企业所得税。

借：管理费用　　　　5 万

　贷：累计折旧　　　　5 万

假设李总的公司 2021 年是亏损的，亏损 10 万元，那么需要调整 2021 年的应纳税所得额，并且更正 2021 年的申报表。

借：以前年度损益调整　　　　5 万

　贷：累计折旧　　　　5 万

以上就是两种不同的政策口径下的处理方式。

127. 工资的账务应该怎么处理？

最近有一个电商老板问道："每个月给员工发工资，怎样的账务处理才是正确的？"

假设 A 电商企业每月给员工发工资 20 万元，公司承担社保 3 万元，员工个人承担社保 1 万元，代扣个人所得税 0.5 万元。如下是账务处理。

先做计提：

借：管理费用/销售费用—工资　　23 万

　贷：应付职工薪酬—工资　　20 万

　　　应付职工薪酬—社保　　3 万

发放工资时：

借：应付职工薪酬—工资　　20 万

　贷：应交税费—个人所得税　　0.5 万

　　　其他应收款—社保个人　　1 万

　　　银行存款/其他货币资金　　18.5 万

缴纳社保时：

借：应付职工薪酬—社保　　3 万

　　其他应收款—社保个人　　1 万

　贷：银行存款　　4 万

代缴个人所得税时：

借：应交税费—个人所得税　　0.5 万

　贷：银行存款　　0.5 万

企业在给员工发工资时，首先要做计提，实际发放时扣除员工个人承担的个税和社保部分，然后企业在为员工缴纳社保和代缴个人所得税时，再从借方冲减。

128. 给员工点下午茶怎么做账?

下午茶是每位员工都喜欢的福利，那么对于财务来说，下午茶应该怎么做账务处理呢?

举个例子，A 电商公司的运营主管 6 月份向公司申请了 1 000 元备用金，用于给员工购买下午茶。假设下午茶支出已经取得了增值税普通发票。

申请备用金时：

借：其他应收款—运营主管　　1 000

　贷：银行存款　　1 000

同时由于下午茶属于职工福利，需要计提职工福利费：

借：管理费用—福利费　　1 000

　贷：应付职工薪酬—职工福利　　1 000

运营主管报销下午茶费用时：

借：应付职工薪酬—职工福利　　1 000

　贷：其他应收款—运营主管　　1 000

我们再来看一下，因为职工福利要先向公司申请经费，公司批准了之后，需要计提福利费，最后喝完了下午茶就要拿发票去报销了。

我们总结一下值得注意的点：给员工购买下午茶属于职工福利支出，职工福利是有抵扣标准的，其不得超过当年实际发放工资的 14%，超过部分是不能在企业所得税前扣除的。

129. 淘宝客佣金应如何做账?

一些新的淘宝店铺为了提高销售量，一般会在平台上找淘宝客推广产品，那么这种推广费应该如何进行账务处理？简单举个例子来给大家讲一下。

假设某淘宝店铺委托淘宝客进行推广，卖出了10万元的产品，支付给淘宝客佣金1万元。

支付淘宝客佣金时，应先进行计提：

借：销售费用—预提淘宝客佣金　　10 000

　贷：其他货币资金—支付宝　　10 000

收到发票后：

借：销售费用—淘宝客佣金　　9 433.96

　　应交税费—应交增值税（进项税额）　　566.04

　贷：销售费用—预提淘宝客佣金　　10 000

淘宝客是一种按成交计费的推广模式，商家在支付淘宝客佣金时，可以先做计提，待收到淘宝客开出的发票后，再转到销售费用科目。

130. 抖音小店精选联盟的服务费怎么入账?

做抖音直播带货的都知道需要走精选联盟，才能挂“小黄车”，且平台会按照商品类目收取相应的技术服务费。这部分服务费应该怎么进行账务处理呢?

假设某抖音小店通过精选联盟渠道，销售商品合计 100 万元，那么平台按照销售货物金额的 5%收取技术服务费 5 万元，那账务如何处理呢?

销售商品的账务处理是：

借：其他货币资金—抖音账户　100 万

　贷：主营业务收入—商品　88.5 万

　　　应交税费—应交增值税（销项税额）　11.5 万

支付平台技术服务费并收到发票时：

借：销售费用—技术服务费　4.72 万

　　应交税费—应交增值税（进项税额）　0.28 万

　贷：其他货币资金—抖音账户　5 万

抖音小店通过精选联盟销售商品时，支付平台技术服务费，是销售商品所产生的，应计入销售费用之中。

131. 支付给临时工的工资怎么做账？

很多电商企业在大促期间，因为仓库人手不够，会招聘临时工。那么临时工的工资支出怎么做账呢？

举个例子，A 电商公司在双十一大促期间请了一批临时工，工资支出为 5 万元，已经按照劳务报酬进行了代扣代缴。

计提临时工资支出时：

借：管理费用—工资　　　　5 万

　贷：应付职工薪酬　　　　5 万

支付工资时：

借：应付职工薪酬　　　　5 万

　贷：银行存款　　　　5 万

企业聘用临时工的薪酬支出也是和正常的工资发放一样，需要先计提，再发放，同时企业需要进行个税的代扣代缴，申报个税时按照劳务报酬所得项目进行申报并预扣预缴。

132. 天猫店铺年费的账务怎么处理?

天猫店铺每年都需要交年费，一般为 3 万元/年，通常是年初的时候通过相关支付协议从平台账户的余额中扣减。

扣减时：

借：其他应收款—浙江天猫　　　　3 万

　贷：其他货币资金—支付宝　　　　3 万

当店铺达到协议销量时，该年费将给予返还，返还时：

借：其他货币资金—支付宝　　　　3 万

　贷：其他应收款—浙江天猫　　　　3 万

店铺没有达到协议的销量，那么该费用将不予退还，店铺需向天猫平台申请开具年费的发票，待收到发票时做如下账务处理：

借：销售费用—技术服务费

　　应交税费—应交增值税（进项税额）

　贷：其他应收款—浙江天猫

如果年度运营中店铺关停，则按照实际发生的年费进行扣减，并冲减其他应收款。

133. 预付的推广费收到发票后怎么入账?

之前有个粉丝问我们，预付了一年的推广费收到发票后建议一次性入账还是按月分摊呢?

今天就以天猫平台为例给大家讲一下。推广费通常都是提前充值，后期产生了推广才扣费。

假设5月A店铺在天猫平台上预充了10万元的“直通车套餐”，6月产生了推广费2万元，并收到发票。

预充推广费时：

借：其他货币资金—直通车　　10万

　贷：其他货币资金—银行存款　　10万

支付推广费并收到发票时：

借：销售费用—直通车　　2万

　贷：其他货币资金—直通车　　2万

电商推广费用包含直通车、钻展、超级推荐等，推广费一般都是提前预充，产生推广费后再扣费。电商企业在次月可以向平台申请开具发票，直接计入当期损益。

134. 天猫软件服务费发票挂哪个科目？

有财务人员问："天猫软件服务费应该挂哪个科目？"

我回答："入销售费用科目。"

因为这个费用相当于销售货物过程中产生的费用，平台上规定在天猫店经营需要按照商品的类目缴纳软件服务费，也就是平台扣点。

以服装类目为例，天猫规则服装类目的软件服务费费率为 5%，给大家说明一下。

假设某天猫店销售服装收入 100 万元，那么平台会直接从货款中扣 5 万元作为软件服务费。

支付费用并收到发票时：

借：销售费用—平台扣点　　　　5 万

　贷：其他货币资金—支付宝　　　　5 万

软件服务费是销售商品所产生的费用，应计入销售费用科目进行核算。软件服务费在订单交易完成后实时划扣，记账时可以先计入销售费用，待发票申请回来后再放入对应的记账凭证中；也可以先计提销售费用，收到发票后再冲减计提的销售费用。

135. 电商运费险怎么做账?

很多电商企业为了提高订单的转化率，通常会给买家赠送运费险，那么购买的运费险如何进行账务处理呢?

假设 A 电商企业为发出的商品购买了运费险（不含税价）5 万元，税费为 0.3 万元，当月未收到发票，先计提费用时：

借：销售费用—计提运费险　　5.3 万

　贷：其他货币资金—支付宝　　5.3 万

次月收回发票后：

借：销售费用—运费险　　5 万

　　应交税费—应交增值税（进项税额）　　0.3 万

　贷：销售费用—计提运费险　　5.3 万

在客户确认收货后系统自动从卖家支付宝扣除保费，如未发货，则不收取保险费用。

136. 费用分摊的账务应该怎么处理？

费用分摊是什么意思呢？一些电商老板可能会觉得奇怪，现在举个例子给大家普及一下。

假设电商 A 公司近几年发展得不错，人员队伍扩大，原来租的小办公室已经不够用了，需要换一间大办公室。2022 年 1 月，公司重新租了一间大办公室，租期为 5 年，并决定请装修公司装修，花了 54.5 万元，取得了增值税专用发票，税率为 9%。这间大办公室，于 2022 年 7 月可以投入使用。

一般来说，公司在经营过程中，发生的费用不大，是可以直接在当期计入管理费用冲抵收入的。但这笔装修费应该计入长期待摊费用，按照剩余的租赁期限分摊扣除，去影响各年的收入。

2022 年 1 月，发生装修费用支出时：

借：长期待摊费用　　50 万

　　应交税费—应交增值税（进项税额）　　4.5 万

　贷：银行存款　　54.5 万

2022 年 7 月，剩余租期 4.5 年，按照 4.5 年平均分摊时：

7 月分摊的金额 = 50/（4.5×12）≈0.93（万元）

账务处理：

借：管理费用　　0.93 万

　贷：长期待摊费用　　0.93 万

公司租入的办公室装修所产生的费用可计入长期待摊费用科目，后续按照合同签订的剩余期限进行摊销。

137. 发生货物丢件怎么做账？

电商企业在发货环节经常会发生丢件情况，那么丢件后公司应该怎么做账呢？

假设某电商公司为一般纳税人，3 天前给客户发了快递，快递公司却反馈快递丢失了。这笔订单丢失的货物实际成本是 200 元，双方协商由快递公司赔款 150 元。公司应该怎么做账呢？

快递公司的赔款属于补偿性质，不需要缴纳增值税。但是货物丢失属于资产损失，已抵扣的增值税进项税额需要做转出处理。

（1）发货时。

借：发出商品　　200

　贷：库存商品　　200

（2）货物丢失时先通过待处理财产损溢科目调账，同时，做进项税额转出。

借：待处理财产损溢　　226

　贷：发出商品　　200

　　　应交税费—应交增值税（进项税额转出）　　26

（3）报公司批准后，减除快递公司赔偿款，在企业所得税税前扣除。

借：其他应收款—快递赔偿款　　150

　　营业外支出　　76

　贷：待处理财产损溢　　226

（4）收到快递公司赔偿款时

借：银行存款　　150

　贷：其他应收款—快递赔偿款　　150

电商公司发货后因快递公司的原因导致货物丢件，得到的赔偿款不需要缴纳增值税，但是对于丢失货物对应的进项税额要做转出处理。

138. 员工社保缓缴怎么做账？

由于疫情原因，国家出台了缓缴员工社保的政策，主要缓缴的是养老保险费、工伤保险费、失业保险费三个险种中单位缴费的部分，作为电商企业，符合条件的也可以享受缓缴政策。

假设某电商公司符合缓缴社保费政策，公司在2022年6月开始申请缓缴，三项社保费中单位缴费部分是5万元，其他各项社保费合计是2万元，员工个人承担部分的其他各项社保费合计是1万元。

账务处理：

（1）计提单位负担部分

借：管理费用—三项社保费单位部分　　5万

　　管理费用—其他各项社保费　　2万

　贷：应付职工薪酬—社保（单位部分）　　7万

（2）从工资中代扣个人负担部分

借：应付职工薪酬—工资　　1万

　贷：其他应收款—社保（个人部分）　　1万

（3）缴纳社保

借：应付职工薪酬—社保　　2万

　　其他应收款—社保（个人部分）　　1万

　贷：银行存款　　3万

三项社保费中单位缴费部分为5万元，记入在应付职工薪酬-社保的贷方，证明尚未缴纳，待缓缴期限到期后，再用银行存款缴完就可以了。

139. 收到个税手续费返还怎么进行账务处理?

不管是电商企业还是实体企业，代扣代缴员工个税时可以相应地从税务机关按实缴个人所得税的2%取得返还的手续费，取得返还的个税手续费应计入“其他收益”科目，并且需要缴纳增值税。

假设A电商公司2021年帮员工代扣代缴个人所得税10.6万元，2022年3月通过自然人电子税务局申请个税手续费返还2 120元。

收到手续费返还时：

借：银行存款　　2 120

　贷：其他收益　　2 000

　　　应交税费—应交增值税（销项税）　　120

公司决定将手续费用于提升办税能力，奖励办税人员时：

借：管理费用　　2 000

　贷：应付职工薪酬　　2 000

实际支付奖励时：

借：应付职工薪酬　　2 000

　贷：银行存款　　2 000

个税手续费返还是政府给企业实行代扣代缴行为的奖励，可以用于奖励办税人员，但是需要按照经纪代理服务缴纳增值税，并在收到手续费返还时，需要在增值税申报时按照未开票收入申报增值税。

140. 将自有住房出租给自己公司，税收如何缴纳?

公司如果想把这笔费用在企业所得税税前扣除，除了要有相应的租赁合同外，还需要取得发票。自然人不能自行开具发票，但可以申请向住房所在地的税务机关代开增值税发票。

假设电商老板张三，将自有住房出租给公司办公使用，每月收取租金5 000元，张三涉及缴纳的税种有：增值税、附加税、印花税、房产税、城镇土地使用税、个人所得税。

（1）增值税：根据规定，其他个人出租住房，按照5%的征收率减按1.5%计算应纳增值税。同时，其他个人采取一次性收取租金形式出租不动产取得的租金收入，可在对应的租赁期内平均分摊，分摊后的月租金收入不超过10万元的，免征增值税。张三每月收取租金5 000元，符合条件，张三可以享受免征增值税。

（2）附加税。增值税已经减免，附加税同时减免。张三可以享受免征附加税。

（3）印花税。根据规定，对个人出租、承租住房签订的租赁合同，免征印花税。张三可以享受免征印花税。

（4）房产税。根据规定，对个人出租住房，不区分用途，按4%的税率征收房产税。

计算：5 000/（1+5%）×4%＝190.48（元）

根据规定，张三还可以叠加享受“六税两费”的优惠政策，在50%的幅度内减征。

假设张三所在省份，“六税两费”是减征50%，房产税则为190.48×（1+50%）＝95.24（元）。

（5）城镇土地使用税：根据规定，对个人出租住房，不区分用途，免征城镇土地使用税。张三可以享受免征城镇土地使用税。

（6）个人所得税：张三出租住房取得的所得，需要按照“财产租赁所得”，可以减按10%的税率，缴纳个人所得税。财税租赁所得，每次收入不超过4 000元的，减除费用800元；4 000元以上的，减除20%的费用，其余额为应纳税所得额。

同时，在计算个人所得税时，应依次扣除以下费用。

①财产租赁过程中缴纳的税费为95.24元；

②向出租方支付的租金（转租情况下适用）为0元；

③由纳税人负担的租赁财产实际开支的修缮费用（须有合法凭证扣除）为0元；

④税法规定的费用扣除标准：月租金收入>4 000元，减除20%的费用；

则，张三的个人所得税计算为：［5 000/（1+5%）－95.24］×（1－20%）×10%≈373.33（元）。

张三合计要缴纳的税费：95.24+373.33=468.57（元）。

公司取得张三开具的发票支付租金时：

借：管理费用　　5 000

　贷：银行存款等　　5 000

以上就是老板将自有住房出租给公司应缴纳的税费和相关的账务处理。

141. 股东分红怎么做账?

当企业年利润达到一定指标时，股东都会进行相应的分红，那么股东分红的账务处理及税务处理要怎么做呢?

假设 A 电商公司 6 月份对 2021 年的 100 万元利润进行分红，股东为自然人，公司已经代扣代缴个人所得税 20 万元。

决定分红时：

借：利润分配—未分配利润　　100 万

　贷：应付股利　　100 万

支付股利时：

借：应付股利　　100 万

　贷：银行存款　　80 万

　　　应交税费—个人所得税　　20 万

申报缴纳个税时：

借：应交个税—个人所得税　　20 万

　贷：银行存款　　20 万

一般公司分红都是在年终，需要先做计提，取得分红的股东需要按照 20%缴纳个人所得税，企业发放分红时需要为股东进行代扣代缴。

142. 股东退出公司股份的账务应该怎么处理？

李总和王总共同创立了一家电商公司，注册资本为 200 万元人民币，其中李总出资 120 万元，占 60%；王总出资 80 万元，占 40%。由于管理意见不合，王总决定退出公司并收回其股本。那么公司的财务人员应该如何进行账务处理？

针对这种情况，我将分别进行如下账务处理。

第一种情况，王总将其股份转让给李总。

（1）当公司将王总的出资额退还给他时：

借：实收资本—王总　　　　80 万

　贷：银行存款　　　　80 万

（2）李总接受王总的股权，并实缴出资时：

借：银行存款　　　　80 万

　贷：实收资本—李总　　　　80 万

第二种情况，王总撤资退股，公司直接减少注册资本。

公司将出资额退还给王总时：

借：实收资本—王总　　　　80 万

　贷：银行存款　　　　80 万

在实际操作中，无论是股权转让还是公司减资，都可能涉及利润分配的问题。如果公司在做出上述调整后仍持有未分配的利润，那么这些利润可能需要按照新的股东结构进行重新分配。

需要注意的是，在实操过程中，除了上述会计分录外，还需要确保所有的程序符合公司章程的规定和相关法律法规，例如，召开股东大会或董事会会议，形成正式的决议，并且及时向工商行政管理部门申请变更登记等手续。同时，公司还需注意税务影响，如是否需要代扣代缴个人所得税等问题。

143. 未分配利润转增资本的财税应该怎么处理?

一位刚进入电商行业的财务问我:“未分配利润转增资本应该怎么进行财税处理呢?”

在处理未分配利润转增资本的过程中,实际上需要先将未分配利润作为股息、红利进行分配,然后由股东再向企业增资。因此,在分红阶段,公司需要代扣并缴纳股东的个人所得税。

假设 A 公司有 100 万元的未分配利润计划用于转增资本,并且其股东为个人。在这种情况下,A 公司需对这 100 万元的分红部分代扣 20%的个人所得税。

首先,计算代扣代缴的个人所得税:

A 公司代扣代缴个人所得税 = 100×20% = 20(万)

接下来,记录分配利润时的会计分录:

借:利润分配—未分配利润　　100 万

　贷:应付股利　　100 万

接着,记录计提代扣代缴个税的会计分录:

借:应付股利　　20 万

　贷:应交税费—代扣代缴个人所得税　　20 万

最后,记录转增资本时的会计分录:

借:应付股利　　80 万(已扣除代扣代缴的个人所得税)

　贷:实收资本　　80 万

值得注意的是,除了未分配利润外,还有其他方式可以实现资本的转增,包括使用资本公积和盈余公积。其中,如果资本公积是由股票溢价形成的,则在转增资本时不涉及个人所得税;而其他的资本公积、盈余公积以及未分配利润在转增资本时,都需要按照股息、红利所得,由公司代扣代缴股东 20%的个人所得税。

144. 电商企业转让线上店铺如何做账?

店铺买卖在电商中是非常常见的，如果将店铺转让，应该如何进行账务处理呢？我以一个案例给大家讲一下。

增值税一般纳税人电商 A 公司，向张三购买了一个淘宝店铺用于线上经营。A 公司应该如何进行账务处理呢？

假设张三的淘宝店铺已做评估，A 公司取得张三向税务局代开的增值税普通发票，价款 55 万元。

借：长期待摊费用—淘宝店铺　　55 万

　贷：银行存款　　55 万

假设 A 公司按照 2 年进行摊销，以后每月进行摊销时，计算摊销金额=55/24≈2.29（万元）

借：销售费用　　2.29 万

　贷：长期待摊费用　　2.29 万

由于公司资金紧缺，无法继续经营，决定以转让时的评估价格 200 万元将店铺转让给一般纳税人 B 公司。

借：银行存款　　212 万

　贷：其他业务收入　　200 万

　　　应交税费—应交增值税（销项税额）　　12 万

由于淘宝店铺是虚拟的店铺形态，且可以随时注销，若不符合无形资产的确认条件，可以计入长期待摊费用，在经营中慢慢摊销。

第七部分
电商企业相关的事项及政策

145. 淘宝个人店、个体户店和企业店有什么异同?

一位长期做淘系的电商问我:“淘宝个人店、个体户店和企业店有什么异同?”

相同点在于:三者都是淘宝店并且都需要对外开具发票。

不同点在于:店铺标志、店铺信用、税务风险。

(1)店铺标志:个人店没有企业店铺的标志,而个体户和企业店有企业店铺的标志。

(2)店铺信用:一般来说,企业店铺比个人店铺的信任度更高。但如果个人限制性特别强地销售农产品或是手工作品,个人店铺的信用反而比企业店铺的信用还要好。

(3)在税务上有着不同的风险。根据相关规定,个人店需要进行亮证、亮照经营,如果没有绑定证照会被视为无照经营。个体户是按照个人经营所得计算缴纳个人所得税,不涉及企业所得税;而企业店绑定公司制企业,需要缴纳企业所得税,分红时个人股东还需要缴纳20%的分红个税。

近几年国家对小微企业的扶持力度很大,相继出台了很多税收优惠政策,核算下来税负率不会很高,而且有些地方可以核定征收,这样税负就更低了。

另外淘宝店的经营主体形式，是公司形式经营好还是个体工商户好呢？

这要看平台类目的要求是否为一般纳税人，如果不要求，那可以通过小规模纳税人标准来测算对比。接下来我们分别按照小规模纳税人的公司和一般纳税人的公司进行测算到底哪个比较好。

小规模纳税人：公司 VS 个体工商户

假如 2022 年淘宝店年销售收入是 450 万元，对外开具普票，符合小规模纳税人标准。货物成本为 200 万元，人工等其他经营成本为 100 万元。假设只考虑增值税及附加税、所得税，不考虑相关税收优惠，相关支出都能取得合规票据，且不含税金额。对比计算如表 7-1 所示。

表 7-1　小规模纳税人：公司 & 个体工商户对比表

税种	公司	个体工商户
增值税	0	0
附加税	0	0
利润	450-200-100=150(万元)	450-200-100=150(万元)
企业所得税	100×2.5%+50×5%=5(万元)	0
个人经营所得税	0	150×35%-6.55=45.95(万元)
股东分红个税	145×20%=29(万元)	0
整体税费	5+29=34(万元)	45.95 万元
股东(投资人)净收益	145-29=116(万元)	150-45.95=104.05(万元)

这样看来，在小规模纳税人的情况下，公司的税费以及投资人的净收益都比个体工商户可观。

以上是小规模纳税人的公司与个体工商户进行对比，现在我们用一般纳税人标准进行对比。

一般纳税人：公司 VS 个体工商户

假如 2022 年淘宝店销售收入是 1 000 万元，货物成本是 400 万元，取得 13%的专票。推广费 150 万元，取得 6%的专票。人工等其他经营成本 200 万元。假设只考虑增值税及附加税、所得税，不考虑相关税收优惠，相关支出都能取得专票，且不含税金额，对比计算如下表 7-2 所示。

表 7-2　一般纳税人：公司 & 个体工商户对比表

税种	公司	个体工商户
增值税	1 000×13%－400×13%－150×6%＝69（万元）	1 000×13%－400×13%－150×6%＝69（万元）
附加税	69×12%＝8.28（万元）	69×12%＝8.28（万元）
利润	1 000－400－150－200－8.28＝241.72（万元）	1 000－400－150－200－8.28＝241.72（万元）
企业所得税	100×2.5%＋141.72×5%＝9.59（万元）	0
个人经营所得税	0	241.72×35%－6.55≈78.05（万元）
税后净利	241.72－9.59＝232.13（万元）	241.72－78.05＝163.67（万元）
股东分红个税	232.13×20%≈46.43（万元）	0
整体税费	69＋8.28＋9.59＋46.43≈133.3（万元）	69＋8.28＋78.05＝155.33（万元）
股东（投资人）净收益	232.13－46.43＝185.7（万元）	163.67（万元）

这次对比，看到一般纳税人的公司整体税费比个体工商户的税费低，投资人的收益也是比个体工商户的高。

146. 为什么天猫入驻要求是一般纳税人？

一般纳税人和小规模纳税人在增值税纳税规模上有区别。增值税是我国的第一大税种，2022 年，增值税占所有税收收入的比重达到了 29.24%。那为什么入驻天猫平台要求企业是一般纳税人资质，而续签时不将是否为一般纳税人作为审核标准之一呢？主要有以下两个原因。

（1）历史遗留问题。这一规则是在天猫成立初期制定的，当时作为衡量企业规模的重要指标之一。随着时间的推移，虽然市场环境和法规有所变化，但这个规定依然被沿用。

（2）变更难度大。天猫平台曾经试图在 2021 年调整店铺主体必须是一般纳税人的规定，允许小规模纳税人入驻。然而，在公告发布两天后便撤回，并且至今没有再次发布类似公告。具体原因天猫并未公开解释，这表明该平台可能因某些因素无法轻易变更此要求。因此，目前只有少数类目允许小规模纳税人入驻。

至于店铺续签审核过程，其重点在于考量店铺的实际成交金额以及天猫内部工作人员对店铺其他方面的评估结果。是否具备一般纳税人资格并不是续签审核的标准。过去十年中，也从未有店铺因为不是一般纳税人而被拒绝续签的情况发生。

147. 抖音店铺年销售额超过了 500 万元后，有哪些注意事项？

抖音平台曾给电商创作者们发了一个通知，包括以下两个关键点。

（1）如果电商创作者在连续的 12 个月内总收入超过 500 万元人民币，则需要进行工商登记，并且主体必须为一般纳税人。

（2）进行工商登记的主体必须是企业实体，不允许是个体工商户。

上述两条规定对抖音店铺有什么影响？我认为主要体现在以下几方面。

首先，抖音平台对于合规性的要求比预期的更快且更为严格，该平台将根据相关部门的规定将各类数据进行同步上传。如果您的店铺同时存在于多个平台上，并且不能确保所有店铺都已达到完全合规的状态，那么应尽快合规。否则，可能会增加企业的风险。

其次，电商创业商应当在业务运营中实施合理的规划，以防止风险不断累积。特别是当企业升级为一般纳税人后，税务机关的监管力度相较于小规模纳税人将会有所增强。

最后，笔者建议避免使用那些通过虚假注册在外地经营的企业绑定主体。原因在于，这些企业可能存在未进行税务登记的情况，这将使得后续的注销程序变得异常困难。

148. 小规模的主体销售额超过了 500 万元怎么办?

黄老板经营一家小型电商企业，目前是小规模纳税人。预计很快销售额会超过 500 万元人民币。他担心一旦升级为一般纳税人后，税务监管会变得更加严格。

这种情况怎么办呢? 笔者建议可以从以下三个方面考虑这个问题。

（1）根据税法的要求升级为一般纳税人。升级为一般纳税人后，即使销售额下降到 500 万元以下也不能重新转回小规模纳税人。而且税务机关对一般纳税人的监管力度会比小规模纳税人更加严格，因此很多企业不愿意升级为一般纳税人。但一般纳税人在可抵扣进项税额方面具有优势，这有可能使企业缴纳的增值税总额低于作为小规模纳税人缴纳的增值税额。

（2）可合理延迟纳税义务的发生时间。这种方法适用于超出 500 万元不多的情况。企业可以通过合理安排业务和合同条款来控制发票开具的时间，从而尽可能地将纳税义务推迟到下一个会计年度。但是，这种方法需要谨慎使用，并确保所有操作都符合税法规定。

（3）如果企业担心成为一般纳税人后涉税问题处理困难，可以考虑通过调整或重组业务模式来分散风险。

149. 为什么建议个人淘宝 C 店升级为企业店？

随着电商的发展和人们对互联网的依赖程度不断提高，越来越多的企业开始涉足电商领域。在这背景下，个人淘宝 C 店升级为企业店铺显得越来越重要。以下是三个主要的原因。

（1）税务监管加强：考虑到未来电商行业的税收规模可能会持续扩大，如果店铺销售额较高，很可能会被税务机关要求补税。作为个人店铺，需要按照 45%的税率缴纳个人所得税，这通常比企业所需支付的各种税款的总和还要多。

（2）合规经营要求：根据《网络交易监督管理办法》的规定，没有绑定主体的个人店铺被视为无照经营，会面临市场监督管理局的处罚。为了确保合法经营，我也建议将个人店铺升级为企业店铺。

（3）税收优惠：从 2023 年 1 月 1 日至 2027 年 12 月 31 日，增值税小规模纳税人的应税销售收入（适用 3%征收率）可以享受减按 1%征收率的优惠政策。同时，符合小型微利企业标准的企业还可以享受企业所得税的减免。这意味着对于小规模纳税人来说，合规成本实际上并不会太高。

因此，我建议淘宝个人店铺所有者考虑将店铺升级为企业店铺，以适应不断变化的市场环境和法律法规要求，并最大限度地降低潜在的法律风险和财务负担。

150. 夫妻二人设立的有限公司到底是承担有限责任还是无限责任呢?

在最高法院的一项判决案例中，涉及了一对夫妻共同出资成立的有限责任公司最终被要求以无限责任的形式承担公司的债务。该公司的注册形式是有限责任公司，为何会承担无限责任呢？我从以下三方面可以作为参考。

（1）公司资本来源和股权归属：在这起案例中，公司的注册资本来源于这对夫妻的共同财产，并且公司的股权也属于双方共同所有。

（2）财产性质判定依据：对于公司资产是否为夫妻共同财产的判定，法庭引用了《民法典》中的相关条款，并基于私账收款的证据证明实际上这些资产属于一人所有。

（3）家庭财产与公司财产混同：在公司成立之前，这对夫妻没有采取措施明确区分家庭财产和公司财产，也没有签订任何财产分割协议。因此，在法律上，他们的家庭财产被视为与公司财产混合在一起。

这个案例提醒我们，在成立公司时务必确保家庭财产与公司财产相互独立，避免财产混同的情况发生。否则，一旦公司出现财务问题，可能会导致家庭财产受到牵连，带来巨大的经济风险。

151. 年营业额超过 500 万元被税务局查到是按小规模还是一般纳税人来计算?

在实际运营中，一家企业如果年营业额超过了 500 万元人民币，并且没有从原有的小规模纳税人身份升级为一般纳税人，当其被税务机关发现时，将按照何种标准进行处罚呢?

根据现行税法规定，一旦连续 12 个月的累计应税销售额超过 500 万，企业必须按照规定转变为一般纳税人。若企业在接到税务机关发出的《税务事项通知书》后仍然拒绝申请变更，那么自销售额超过 500 万的次月起，企业将被要求按照一般纳税人的标准计算并缴纳相关税费，同时无法抵扣进项税额。

因此，对于超出小规模纳税人标准的企业来说，应当及时办理一般纳税人登记手续，而不是心存侥幸，认为不办理就仍能维持小规模纳税人的身份。尽管近年来针对小规模纳税人的优惠政策较多，但成为一般纳税人后，企业依然可以通过一些合理、合法的方式来减轻税收负担。

综上所述，为了避免不必要的法律风险和财务损失，企业在超过小规模纳税标准后，务必积极履行法规要求，及时向税务机关申请变更为一般纳税人。

152. 小规模和个体户，成立哪个更划算？

许多电商创业者经常面临这样的问题：年销售额不超过500万元时，究竟是成立小规模有限公司还是个体户更为经济实惠呢？为了帮助大家理解这个问题，我以A店铺为例，分别分析成立小规模有限公司和个体户的成本差异。

假设A店铺的年度不含税销售额为500万元，成本费用为250万元，利润为250万元，并且所有成本费用都能取得发票。

首先，不管是成立小规模有限公司还是个体户，2023年1月1日至2027年12月31日，增值税小规模纳税人适用3%征收率的应税销售收入，减按1%征收率征收增值税。因此，在这个税率下，A店铺需要缴纳的增值税为：

增值税＝500×1%＝5（万元）

根据相关法规，附加税的计算方式为增值税金额乘以12%，所以附加税合计为：

附加税＝5×12%＝0.6（万元）

另外，按照最新的印花税法规定，个人和电子商务经营者订立的电子订单可以免征印花税，但采购合同需要按照万分之三计征印花税。不过这一部分税费金额通常较小。

第一种情况：查账征收的个体工商户&小规模有限公司

（1）如果选择成立个体户，店铺的利润将按照生产经营所得缴纳个人所得税。根据现行税法规定，生产经营所得个税采用5级超额累进税率计征，最低税率为5%，最高税率为35%。对于A店铺250万元的利润，将会按照35%的税率进行计算，并且需要减去速算扣除数6.55万元。此外，对于个体工商户的经营所得，有税收优惠政策，即不超过100万元的部分可以享受减半征收的待遇。详见生产经营所得税率表7-3。

表 7-3　生产经营所得-五级超额累进税率表

级数	全年应纳税所得额	税率	速算扣除数
1	不超过 30 000 元的部分	5%	0
2	超过 30 000 元至 90 000 元的部分	10%	1 500
3	超过 90 000 元至 300 000 元的部分	20%	10 500
4	超过 300 000 元至 500 000 元的部分	30%	40 500
5	超 500 000 元的部分	35%	65 500

在计算个体户老板实际到手的收入时，需要先减去相应的税费。根据前面提到的数据，我们可以得出以下数据。利润为 250 万元、增值税为 5 万元、附加税为 0. 6 万元。

接下来计算经营所得个人所得税：

个税=（250×35%-6. 55）-（100×35%-6. 55）×50%=66. 725（万元）

最后，我们用利润减去所有的税费来计算老板实际到手的钱：

实际到手金额=利润-增值税-经营所得个人所得税=250-5-66. 725=178. 275（万元）

（2）如果选择成立小规模有限公司，那么需要缴纳企业所得税。同时，如果公司符合小型微利企业的条件，可以享受相应的税收优惠政策。在这种情况下，企业所得税的计算如下：

企业所得税=250×5%=12. 5（万元）

如果要将利润分配给股东（即分红），还需要缴纳个人所得税。具体计算如下：

分红个税-（250-12. 5）×20%=47. 5（万元）

最后，股东实际到手的金额为：

实际到手金额=利润-增值税-企业所得税-分红个税=250-5-12. 5-47. 5=185（万元）

对比个体工商户和小规模有限公司的情况，我们可以看到：

个体工商户的实际到手金额为 178. 275 万元；

小规模有限公司的实际到手金额为 185 万元。

因此，实际到股东手里的钱，个体工商户比小规模有限公司少 6.725 万元。

过以上案例我们可以看出，个体户在没有核定征收的情况下，只从税费成本来看，小规模有限公司的税负成本比个体户稍低。这是一个特定案例的计算结果，其他案例的计算结果可能会因地区和个人情况不同而有所差异。

第二种情况：核定征收的个体工商户 & 小规模有限公司

（1）如果成立的个体户能做核定征收，核定的利润率为 5%

经营所得＝500×5%＝25（万）

按照 5 级超额累进税率计税，25 万适用税率是 20%，速算扣除数是 1.05 万，同时享受利润不超过 100 万部分减半征收。

个税＝（25×20%－1.05）×50%＝1.975（万元）

最后老板实际到手的钱＝利润－增值税－个人所得税＝250－5－1.975＝243.025（万元）

（2）如果成立小规模有限公司，根据前面讲的小规模有限公司的计算方式。

企业所得税＝250×5%＝12.5（万元）

分红个税＝（250－12.5）×20%＝47.5（万）

实际到手金额＝利润－增值税－企业所得税－分红个税＝250－5－12.5－47.5＝185（万元）

两者相比，实际到股东手里的钱，小规模有限公司比核定征收的个体户更少，相差 243.025－185＝58.025（万元）。

可见，如果个体户能做核定征收，那么只考虑税收成本的话，核定征收的个体户会比小规模的有限公司更划算。

153. 用旧公司还是新公司去绑定天猫店铺?

在您准备开设新的天猫店铺时，可能会面临这样一个问题：是用现有的、已绑定了一家店铺的公司去绑定这家新天猫店铺，还是新注册一家公司去绑定呢?

我的建议是：用新的公司去绑定新开的天猫店铺。

主要有四个方面的原因。

（1）平台对企业的要求不同。天猫店铺对企业的要求通常比淘宝企业店更高，例如，天猫店铺大部分品类需要具备一般纳税人的性质。相比之下，淘宝企业店可以接受小规模纳税人的绑定。

（2）目前有许多针对小微企业的优惠政策，从2023年1月1日至2027年12月31日，增值税小规模纳税人适用3%征收率的应税销售收入，减按1%征收率征收增值税。但这项政策只适用于小规模纳税人，如一家公司绑定多个店铺，更可能因销售额超过500万元而成为一般纳税人，之后无法享受该项税收优惠政策。

（3）企业所得税的优惠政策是基于年应纳税所得额是否达到300万元进行划分的。以一个利润为200万元的企业为例，如果符合小微企业其他规定，其企业所得税的实际税负率为5%。当企业的应纳税所得额超过300万元时，那么企业所得税将按照25%计算，这将产生显著的税费差距。

（4）此外，从运营角度来讲，一家公司绑定多家店铺时，如某一家店铺涉及工商投诉、违规处罚等，更容易关联到同一主体下的其他店铺。同时也会给财务核算工作带来困难。因此，笔者强烈建议每个店铺对应一个单独的公司，这样既能合理合法地节省成本，又能简化管理流程。

154. 个人店铺能开淘宝店吗?

随着国家市场监督管理总局要求在各个平台上执行“亮照”行动，人们开始关注个人是否还能在淘宝平台上开设店铺的问题。

首先，亮照行动是由国家市场监督管理总局统一组织和实施的，以加强电子商务领域的市场监管。2022 年 5 月 24 日，淘宝平台发布了关于认证管理类规则变更公示通知的公告。简单地说，过去仅凭个人身份证就能开店的时代已经过去，除了极少数特定类别，如个人销售自己的农副产品、家庭手工业产品和个人利用技能从事便民劳务活动等，其他所有店铺都需要完成工商登记。否则，将被视为无照经营，面临关店和处罚的风险。对于符合免登记条件的个体，需要确认是否满足相关要求。不符合条件而被查出的店铺将被判定为无照经营，并面临相应的处罚。

其次，亮照行动规定无论是个体户还是公司，都可以绑定营业执照。虽然目前的规则并未明确一个营业执照可以绑定几家店铺，但我们建议规模较大的店铺单独使用一个营业执照进行绑定，以分散风险。同时需要注意的是，个体工商户的个人所得税需要进行汇算清缴。如果有多个店铺并分别办理了个体工商户，那么在汇算清缴时，每个个体工商户的经营所得需合并计算。若总额超过 50 万元人民币，则按照 35%的税率缴纳个人所得税。

最后，进行工商登记后，税务问题自然会随之而来。这是推进电商税务合规的重要一步。因此，在进行亮照时，应提前做好规划，避免等到出现税务问题时才寻求解决方案。当前，国家对电商企业的监管力度正在不断加大，企业也应逐步走向合规化。个人淘宝店铺并非不能开设，只要完成了营业执照的绑定即可。

总之，亮照行动旨在提高电子商务领域的合规性和透明度。我们应当充分理解并正确解读这个规定，以便在未来顺利开展业务。

155. 个体工商户和公司哪个更适合做淘宝?

淘宝店铺绑定的主体，从运营角度看，并不会对店铺权重产生显著影响。

目前，个人店铺已经被要求进行亮照和亮证操作。个体工商户与公司的主要区别在于店铺显示上：公司会有企业标识，而个体工商户则没有。个体工商户并非公司，但同样被视为合法的经营主体。

从税务风险的角度考虑，我们建议使用个体工商户作为淘宝店铺的主体，因为在许多地方，对个体工商户的税务监管相对较为宽松。然而，对于规模较大的店铺，我们建议使用公司作为主体，以便尽可能享受小型微利企业的税收优惠政策。

但从税负率的角度来看，最好是能申请到核定征收的税收方式，根据开票额来核定纳税，总体税收成本通常更低。以前，个人独资企业和合伙企业都可以申请核定征收，但在 2021 年 12 月 30 日，财政部和国家税务总局发布了新政策：持有股权、股票、合伙企业财产份额等权益性投资的个人独资企业、合伙企业，必须采用查账征收方式计征个人所得税。

156. 直播带货必须100%合规纳税吗？

相信直播行业的人都知道，网络直播营利行为的规范性和合规性变得日益重要。国家互联网信息办公室、国家税务总局以及市场监督管理总局联合发布了《关于进一步规范网络直播营利行为促进行业健康发展的意见》的通知，其中特别针对直播带货行业做出了明确的规定。

对于从事直播带货业务的直播机构和主播来说，以下三点需要重点关注。

（1）信息报送要求。所有平台需每半年向相关政府部门报告主播的个人身份、直播账号、网络昵称、取酬账户等详细信息，同时还要提交收入类型及营利情况的数据。

（2）违规处理机制。该文件明确了针对违法违规行为的应对措施，严重情况下可能会导致永久关闭主播账号，并禁止重新注册。

（3）税务合规义务。直播公司或机构不得协助主播逃避税收责任，而应依法履行代扣代缴主播个人所得税的职责。

此外，淘宝平台于2022年3月24日发布公告，宣布自2022年4月1日起对个人主播实行劳务报酬所得的个人所得税代扣代缴政策。根据现行个人所得税法的规定，劳务报酬所得超过5万元人民币时，将按照最高的适用税率40%计算个人应缴纳的税费。

因此，为了确保直播行业的健康发展和企业的长期利益，参与直播带货行业的个体和企业必须认识到合规经营的重要性，积极遵守相关规定，并采取必要的措施来满足法规要求。这包括但不限于了解并执行上述信息报送要求、规避潜在的违规风险，以及充分履行税务合规义务。

157. 对明星和主播成立的工作室不改为查账征收，怎么办？

2022年3月25日，国家互联网信息办公室、国家税务总局和国家市场监督管理总局联合发布了《关于进一步规范网络直播营利行为促进行业健康发展的意见》的通知。其中规定，网络直播发布者所设立的企业和个人工作室需按照国家相关规定设置账簿，并原则上采用查账征收方式计征所得税。这意味着对明星和主播成立的个人工作室或企业不再实行核定征收，已采取核定征收的方式也将被取消，改为查账征收。

对于这一规定，笔者认为主要是基于以下两个原因。

（1）社会影响。高收入群体的社会影响力日益增强，如果这些群体利用核定征收的方式减少税收，会对社会产生不良影响。

（2）税务管理的完善。随着各种政策的出台，我国的税务管理正变得更加严格和完善。少缴税或变相少缴税的行为长期存在是不合规的。

对于主播而言，取消核定征收的方式后，税负将有所提高。对于与主播合作的电商企业来说，在合作时需要主播提供对应的服务费发票，以便将服务费作为成本或费用在企业所得税前扣除。如果您的团队中设有直播工作室，那么接下来可能需要对业务进行调整。无论如何调整，业务的真实性至关重要，只有确保业务真实发生，才能合法享受国家的各项优惠政策。

158. 减免税政策对于电商企业有什么影响?

减免税政策对电商企业会产生非常显著的影响，有两个税收优惠政策是大家非常关注的。

（1）增值税小规模纳税人减征政策：自 2023 年 1 月 1 日至 2027 年 12 月 31 日，增值税小规模纳税人适用 3%征收率的应税销售收入，减按 1%征收率征收增值税；适用 3%预征率的预缴增值税项目，减按 1%预征率预缴增值税。这项政策适用于年销售额不超过 500 万人民币的小规模纳税人。如果是一般纳税人，即便年销售额未达到 500 万也不能享受该政策。

（2）小型微利企业的优惠政策：从事国家非限制和非禁止行业，且同时符合年度应纳税所得额不超过 300 万元、从业人数不超过 300 人、资产总额不超过 5 000 万元三个条件的企业，年应纳税所得额在 300 万以下，减按 25%计入应纳税所得额，按 20%的税率缴纳企业所得税，实际税负相当于 5%。

这两条减免税政策对小微企业的扶持力度非常大，电商企业可以结合自己的实际情况努力符合这两条政策的要求。我们作为纳税人既有合规纳税的法定义务，也有享受税收优惠政策的权利。

159. 将来，电商会自动报税吗?

今天我们将探讨一个问题，即将来电商是否会自动报税。根据现有信息和分析，答案很可能是肯定的。

首先，《关于进一步深化税收征管改革的意见》已被明确提及，2023 年实现自动报税功能。感兴趣的人士可查阅相关文件以获取更多的信息。

其次，电商企业可能成为自动报税的首批试点行业。这是因为电子商务的数据相较于其他行业更为清晰透明。每一笔订单的交易时间、金额以及其他交易详情都可以通过平台后台获取，并且这些数据卖家无法修改或删除。各大电商平台对成交数据也有保存期限的规定，不会随意删除。结合我在阿里巴巴工作的经验来看，该公司的所有历史数据都完整地保留，这是大数据分析的基础。相比之下，其他行业不那么容易获取准确数据，难以进行有效比对。

最后，关于是否自动扣税的问题，我个人认为不会直接扣除税款，但会将数据同步到各地税务机关。我国当前实行的是分税制，中央与地方税收分开征管。因此，企业仍需通过正常的报税流程来进行缴纳税款。

结合以上分析，我们提醒大家关注这一重大政策变动，重点关注企业可能出现的风险。

160. “一人式”“一户式”的管理，对电商有什么影响?

在税改的文件上，明确提出 2022 年基本实现法人代表税费信息“一户式”、自然人税费信息“一人式”的智能归集。2023 年基本实现税务机关信息“一局式”、税务人员信息“一员式”智能归集，深入推进对纳税人、缴费人行为的自动分析管理、对税务人员履责的全过程自控考核考评、对税务决策信息和任务的自主分类推送。这也就是法人代表企业是以户为单位进行数据归集，而自然人则以人为单位，进行集中式的税务管理。比如，一个人注册了多家公司，系统会归集到一块进行分析和管理。对电商企业来说，有什么影响呢?

笔者认为：对店群的影响会比较大，需要提前拆分业务规避风险。

首先，拆分业务一定要合理。过去一个业务，登录多个平台，开多个店铺，开多个公司。如果业务拆分得不合理，很有可能会被合并计税，尤其是在企业所得税上。

其次，企业的风险加大了，要提前规避。税务局对于规模大的企业监管肯定更严格些，由于过去没有大数据分析，管理起来较困难。现在税务局能看到企业的整体情况，店铺很有可能因为一些数据的异常而被自查。所以对于那些销售额过亿的电商企业而言，企业的控制人对财税一定要有基本的认知和了解，至少知道企业的基本风险要怎么去规避。

最后，对做店群的企业可能影响最大。建议做店群的企业要特别关注怎么去设计合理的股权结构，明确企业的实际控制人。

161. 全电发票有哪些优点?

随着全面数字化电子发票的铺开，全面数字化电子发票已经在全国普及，那么全电发票与现在的电子发票有什么区别呢?

我的回答是：全电发票更加简洁，操作起来更加方便。

全电发票开票时不需要UKEY或者数控盘，直接登录电子发票平台，实名认证后就可以开票了，全电发票的优点有以下六点。

（1）发票信息的全面数字化，无须领用且不需办理发票票种核定。

（2）发票版式简化。全电发票没有联次，取消了收款人和复核人，销售方和购货方信息只需填写名称和纳税人识别号。

（3）彻底解决发票重复入账的问题。

（4）发票自动交付。可直接通过邮件、二维码、电子发票服务平台进行交付。

（5）简化处理红字发票。受票方未做增值税用途确认及入账确认，开票方可直接开具红字全电发票，受票方进行了用途确认或入账，开票方或受票方都可在电子发票服务平台上传《红字信息确认单》，经对方在平台上确认后，开票方可开具红字全电发票。

（6）全电发票以动态二维码取代纸质发票的发票代码。

全电发票一上线，对于发票重复入账、频繁作废和顶额开具、开具发票内容与实际不符的企业一定要注意了。

162. 针对电商有哪些税收优惠政策呢?

很多做电商的企业都想知道：电商有哪些税收优惠政策？

我的回答是：目前没有专门针对电商的税收优惠政策，只有跨境的出口电商才有专门的退税和核定政策。

对电商企业来说，绝大多数都是中小店铺，有两条政策适用于大部分企业。

第一条，截止至 2027 年 12 月 31 日，增值税小规模纳税人适用 3%征收率的应税销售收入，500 万元以下的增值税减按 1%征收，月销售额 10 万元以内免税。这只是针对小规模纳税人在增值税、附加税上的优惠政策，企业所得税还是需要缴纳的。

第二条，个体工商户的核定政策，简单地说就是直接按照营业额核定利润进行纳税，不需要成本费用完全有发票，只需要按照销售收入来核定应纳税所得额。有些地方销售收入在 500 万元以内的个体工商户整体税负率在 2%以下，这相对是很低的税负成本了，特别适合销售收入在 500 万元以内的淘宝和拼多多店铺。

这两条政策适合单店规模比较小的企业。如果企业规模大，就需要通过调整结构和拆分业务的方式，去享受优惠政策。

而对于个人独资企业、合伙企业，财政部国家税务总局在 2021 年 12 月 30 日就出台了政策：持有股权、股票、合伙企业财产份额等权益性投资的个人独资企业、合伙企业（简称独资合伙企业），一律适用查账征收方式计征个人所得税。

163. 电商营业执照好用吗?

有些电商企业的股东不懂税务，注册电商营业执照来绑定店铺，给自己带来一定的风险。电商营业执照有两种：第一种是直接在营业执照上写网店地址，第二种是花一百元左右就能办的个体工商户营业执照，其专门用来开小店，批量注册并且不做税务登记。

这两种营业执照都不建议办理，出了问题会被纳入工商税务黑名单。

对于这类营业执照，我们需要注意三点。

（1）免费或低价办理营业执照；

（2）营业执照的注销问题；

（3）电商数据非常透明，如果没有合规地申报纳税，在税务注销的时候是会补税的。

既不做税务登记也不申报纳税本身就是不合法的，如果一个人设立多个个体工商户，在每年 1 月 1 日至 3 月 31 日期间则要合并经营所得汇算清缴个人所得税，除非个体工商户采用核定征收的方式计算缴纳税费。

164. 为什么说电商企业千万不能零申报?

电商企业为什么不能零申报呢?

答案是：除非是没有交易或没有产生费用的情况，否则千万不要零申报。

主要原因有三点。

（1）店铺的页面会显示成交的数量，还有晒图评价。这些信息说明了店铺不可能没有成交额，企业直接零申报肯定是有问题的。

（2）遇到一些不开票的客户投诉也无法解释。没有开票并不代表企业没有收入，因为对于没有开票的部分是可以做无票收入来申报的。如果完全没有开票，也没有做任何的纳税申报，只注册了工商信息肯定是不行的。

（3）有专门针对零申报企业的抽查，税务局每年都会抽查一些零申报的企业，能否抽中只是概率的问题。国家为了扶持小微企业，出台了很多减税免税的优惠政策。企业符合相关条件享受这些政策后，实际应缴纳的税款也不会太多。

165. 拿到清税证明了还可以继续经营一段时间吗？

以前认识一位电商企业的股东，因为之前企业一直不合规，听了我的课程，就将店铺做了主体变更，当注销的老主体拿到清算证明的时候，他想着工商注销可以撤回，对公账户也可以正常收款，于是就继续用这家拿到清算证明的老主体经营。

没过几个月就接到税务局撤销清算证明的电话，并通知去税务机关补税。

笔者认为：这种情况只能按照要求去补税，因为税法规定的逃税是无限期追查的，拿到清税证明就要尽快去办理工商注销手续。

企业完成了税务注销后，税务局会出具清税证明，表示该企业在注销前已经结清了应纳税款、多退（免）税款、滞纳金和罚款，并缴销了发票和其他税务证件。

根据之前的记录，清税证明是没有有效期的，即不会因为时间的推移而失效。不过，需要注意的是，拿到清税证明并不意味着可以继续经营。一般来说，取得清税证明后需要尽快办理营业执照等其他相关证照的注销手续，以正式结束企业的经营活动。

一般来讲公司注销了是不会去追查的，但拿到了清算证明又不去注销，还继续经营属于典型的恶意清税案例，一定会被处罚的，所以注销的公司在拿到清算证明后一定要尽快去完成注销手续。

166. 税务局有支付宝的数据吗？

很多电商企业的股东都问过这个问题，相信这是做电商的企业都想知道的。

答案是：税务局是知道支付宝的数据的。

首先，随着国税总局的稽查系统升级完成，其是可以查到各个店铺完整的成交数据，包括天猫、淘宝、京东、唯品会、苏宁易购等平台上开设的店铺，都有明确的成交数据统计。换言之，税务局其实是知道支付宝的数据的，但不是直接调取支付宝的数据，而是统计企业开设在各个平台上的店铺成交数据的汇总。

其次，税务机关的系统非常复杂，并且是由多套系统组合而成。其中有专门监管银行资金的系统，所有银行卡的数据都能看到。金税四期把这些系统逐步集成起来，打通了各个系统的全部数据。

最后，税务机关可以调取支付宝数据，只需要上级的审批和发函给蚂蚁金服。大家可以认为税务机关不完全知道该数据，但对于各地税务局来说，核心是想知道当地有哪些是电商企业。

167. 店铺注销后还能查到订单信息吗?

店铺注销后订单信息还能查得到吗？会不会有税务风险呢？这是一位电商企业的股东向我咨询的问题。

我回答："依然可以查到订单信息，绑定店铺的公司如果没有注销是会有税务风险的。"

首先，店铺注销后，自己是查不了订单信息的。按照电商法的规定，数据至少要在平台保留 3 年，但现在各大平台的数据基本都是永久保存的。

其次，税务机关会抓取到店铺的成交数据，主要是因为现在各个平台需要向税务机关主动上报，所以即便是把店铺关了，也依然能查得到。

最后，店铺注销是没办法规避所有的风险，除非把店铺绑定的主体公司也注销，拿到清税证明后一般不会再追查。如果存在偷税漏税的情况，法律的规定是永久追查。

因此，大家需要注意不能只关店铺，一定要把绑定店铺的公司也注销掉，当然有人会说，淘宝的 C 店很多是个人店铺，那该怎么办呢？其实最简单的做法是让税务局出具一份清税证明，个人是可以拿清税证明的，这至少证明以前的税都交清了。

168. 代账公司说最好不要注销是什么套路？

有位电商企业的股东把店铺主体变更完后，就想尽快把老主体公司注销掉，因为经营了很多年，担心老主体继续存续着会有风险，所以找代账公司去注销，但是代账公司不让他注销，这里有什么套路呢？

我的回答是：有些企业不好注销，况且继续存续，代账公司还能收取一笔记账费。

代账公司建议不要注销企业可能有以下两个原因。

（1）确实有些地方现在在查账，可能注销起来就没那么容易。

（2）如果这个公司继续存续，代账公司每年能收几千元的代理记账费，而公司注销了，相当于这个客户就没有了。需要提醒大家注意的是，如果不想经营这家公司了，最好的方法并不是说一直做零申报，可以先做歇业处理，然后过段时间再去注销，而这段时间是不需要代账公司做账报税的。

企业是否要注销，需要根据企业的具体情况和长期规划来决定，需要考虑的因素会比较多。

169. 淘宝 C 店营业额已经 300 万元，是上传营业执照还是注销店铺？

有些电商企业很困惑：自己的淘宝 C 店营业额已经超过 300 万了，现在是上传营业执照还是直接把店铺关掉呢？

我回答："解决税务风险，上传营业执照把生意做大。"

第一，任何与税务相关的问题都能够得到解决，包括历史遗留的风险问题也存在相应的解决方案。然而，一旦生意失去了，要想重新建立起来就显得相当困难。因为生意是企业的根基，只要有生意在，任何问题都有可能迎刃而解。

第二，如果已绑定的营业执照属于有限公司，则没有必要注销店铺。2022 年 10 月后，相关政策要求店铺需要绑定主体，而个体工商户和公司均可作为绑定的主体。若年销售额在 500 万人民币以内，最优的方式是申请核定征收的个体工商户去绑定店铺。为确保企业拥有进项发票，可以将个体工商户设置为采购公司，由企业向个体工商户进行采购，并由个体户开具发票给企业，以此降低企业的税负。在减去各种成本之后，企业实际承担的税负率可能降至约 2.5%。

170. 注册网店为什么不建议专用营业执照?

我并不推荐大家选择专门为网店注册的营业执照，这种执照的特点是直接在经营地址栏填写店铺网址，而非实体办公或门店地址。虽然简化了一些登记流程，但可能会带来以下三个问题。

（1）这类营业执照采用集群注册的方式，并具有实际办公地点，有些甚至是跨城市分布。一旦涉及工商投诉纠纷，需要前往注册地处理，手续烦琐且不方便。

（2）许多园区和小镇是注册了专用营业执照，可能存在税务登记和纳税申报不规范的情况。若税务局进行核查，这类企业的违规行为往往容易被发现。

（3）最重要的是，以网店地址作为注册信息，站在电商企业的角度而言，店铺所有的成交数据都是透明的，除非完全合规纳税，否则在注销时，可能会由于网上店铺的交易数据清晰可见，只需查看店铺后台就能得知销售情况，再与申报记录比较，很难自圆其说。

因此，我建议在注册公司时使用实际地址。有人可能会提出没有可用地址的问题，实际上，在许多地方允许使用住宅地址来注册公司。通过这种方式，可以避免上述潜在问题，并确保公司的合规运营。

171. 首违不罚是完全就不用交钱吗?

首违不罚的意思是，首次违反不予处罚，但是并不代表完全不用罚款。首违不罚，适用税务行政处罚，必须同时满足以下三个条件。

一是纳税人、扣缴义务人首次发生首违不罚清单中所列事项；

二是危害的后果轻微；

三是在税务机关发现前主动改正或者在税务机关责令限期改正的期限内改正。

首违不罚的政策主要针对的是那些并非出于故意偷税漏税的目的，而是由于对相关法律法规、业务流程不够了解或熟悉而无意间违反规定的纳税人。对于这类非主观意识导致的违法行为，可以免予行政处罚。目前国家税务总局公布的“首违不罚”事项清单总共有 14 项。

这里面有两个重点。

（1）不能偷税漏税。许多电商企业故意隐瞒收入，不进行申报，这属于主观上逃避税收的行为。

（2）补缴税款是必须的，但可以免除罚款。涉税案件一般都会涉及三个方面：补税+罚款+滞纳金。首违不罚，只是不罚款，补税是必须的，如果不交还会产生滞纳金。

因此，如果企业存在偷税漏税的行为，一旦被查实，除了需要补缴税款外，还可能面临罚款。

172. 淘宝后台收到店铺信息核验提示怎么办？

《网络交易监督管理办法》在 2021 年 5 月 1 日起实施，陆续有很多淘宝个人店铺都收到了系统的店铺信息核验的提醒。具体内容如下：

根据电商法第 28 条规定，电子商务平台经营者应当按规定向市场监督管理部门报送平台经营者的身份信息，未按时完成信息核验的商家，将影响商家的商品发布和搜索曝光等。

换言之，这需要填写店铺主理人的手机号和实际经营地址，应该怎么应对呢？

首先，肯定是要如实填写，这是电商法和平台的规定，2021 年 7 月份平台就开始将店铺数据上报市场监督管理部门了，而且现在对于淘宝个人店铺都要求亮照、亮证。

其次，尽量避免填写规模较大的地址，无论是办公室还是仓库，尤其是存货较多的仓库。因为与查账相比，检查库存更为烦琐和复杂。

最后，尽量别去绑定注册时间比较长的公司，不然虽然店铺绑定的是个人，查到可能也会补税罚款，建议绑定新注册的公司或者个体工商户。

这表明了一个明确的信号，即过去工商税务部门可能并不清楚从事电商业务的人员，但现在这些信息已经完全掌握了。因此，为了避免潜在的风险，我们需要采取一些规避风险的防范措施。

173. 法定代表人重要吗？能一样吗？

时常有人询问，是否可以为多个公司设立相同的法定代表人，以及这些公司之间是否允许进行关联交易等问题。

我的回答是：可以设立多个关联公司，只要保证关联公司之间的交易是公允的就可以。

（1）在法律术语中，“法人代表”这一称谓实际指的是公司本身，这是一个法定的存在，并非自然人个体。然而，我所提及的“法定代表人”，通常是指营业执照上明确记载的法定代表人，这是个具体的个人。

（2）法定代表人在法律和商业活动中具有重要的地位。这一点从其必须在营业执照上明确记载即可看出。需要注意的是，法定代表人并非等同于公司本身，而是可以理解为法定的代表或联系人，负责协调与各个部门之间的事务。

（3）作为法定代表人在其担任法定代表人的多家公司之间进行交易，这在法律上并无明确禁止。然而，这种行为可能存在不合规的风险。因此，在实践中，为了保护小股东的利益，上市公司通常会受到严格监管，以防止大股东滥用股东权力。对于一般的小公司而言，只要确保业务的真实性和价格的公允性，相互之间的交易通常是允许的。

174. 多个公司销售同一盘货，如何分配进项和存货？

做电商店群的李四问我："多家店铺分别绑定了多家公司，但是仓库只有一个，这种情况下怎么分配各个公司的进项或者存货呢？"

我回答："把仓库当成供应链公司来做，或者按照公司设立仓库。"

首先，把仓库当成供应链公司来做是最简单的方法。这种情况下，不管哪个店铺卖了什么产品，代表这个店铺需要向供应链公司采购产品，供应链公司直接给店铺一件代发。这样一来，不管是存货管理、物流发货、还是进项发票都直接由供应链公司处理了，这样的管理成本是最低的。

其次，就是根据公司分别设立仓库，这个办法稍微有点复杂。需要将仓库进行区域划分，有多少家公司就需要划分多少个区域，同时需要这些公司单独向供应商采购货物并取得发票，因此这个方法的管理成本会比较高。

所以，当您有多个店铺多家公司，但是用同一个仓库，想要做好进项跟存货的管理，最好的办法就是把仓库当成供应链公司来做。

175. 无货源网店怎么合规纳税?

在电子商务行业中，无货源模式的销售店铺日益增多，那么这种无货源模式销售的店铺怎么合规纳税呢?

对于这类店铺如何合规纳税的问题，有以下两种思路供参考。

（1）正常采购流程。如果从其他店铺下单采购商品，其操作流程与正常的销售行为一致。商家需要取得合法的增值税进项发票，以便进行进项税额抵扣和企业所得税抵扣。

例如，假设 A 公司运营一个淘宝 X 店铺，其经营模式是：客户在 X 店铺下单购买 B 产品，A 公司根据客户的订单，在京东上购买 B 产品，并将货物发送给客户。在这种情况下，A 公司若要合规纳税，应按照客户支付的货款金额申报收入，并获取京东店铺开具的增值税专用发票，以便进行进项税额抵扣和企业所得税的税前抵扣。

（2）设立独立采购部门或个体户。如果部分上游供应商无法提供发票，或者为了简化管理，商家可以考虑设立独立的采购部门或注册为核定征收的个体户。这样，店铺只需向个体户采购货物并获得发票即可。对外部渠道或其他店铺的采购业务由个体户负责完成。

由于核定征收的个体户是根据销售额来确定税额，即使某些供应商无法提供进项发票，也可以通过采购合同、货款转账记录、送货单、物流运输单等资料作为采购行为的依据。

在管理和税务合规方面，上述两种思路都是可行的。企业可以根据自身的实际业务情况选择合适的方案。

176. 出租天猫店铺会有税务风险吗？

有位生意好到忙不过来的粉丝面临这种情况：将一个天猫店铺出租给他人经营，每月收取2万元租金。在租赁合同中并没有涉及税务责任的承担问题，而且90%以上的交易金额都没有入账，而是通过公司的普通账户提取现金进行处理。这种做法是否存在风险？

答案：这种做法存在巨大的风险。

（1）企业的对公账户，无论是基本户还是普通户，即使注销了也仍然能被税务局查到相关记录。

（2）只要店铺不被注销，所有的交易记录都会永久保存，随时可供查询。

（3）纳税申报的责任在于与店铺绑定的公司，而不在于承租的个人。因此，如果出现偷税漏税的行为，首先会被追究的是公司。

基于以上几点，一旦税务局发现存在偷税漏税行为，首先会找到公司。公司可能需要补缴税款、支付罚款，甚至有可能被列入征信黑名单，造成更大的损失。

因此，强烈建议不要直接出租天猫店铺，因为这会给公司带来严重的税务风险。为确保合规运营，企业应充分了解并遵守相关的税收法规和义务。

第八部分
电商税费申报及工资社保的解决

177. 电商纳税，平台可以直接代扣代缴吗？

随着电商税收管理的日益严格，有商家提出了这样的问题：电商企业的税款是否可以由平台直接代扣代缴？这样对大家来说将省去很多“麻烦”。

然而，这种做法是不可行的，原因主要有四点。

（1）头部电商企业已合规申报。大部分电商平台的头部企业已经遵守相关规定进行纳税申报。如果由平台代扣代缴，意味着这些企业在已经缴纳了税款的情况下再次支付税款，这对他们显然是不公平的。因此，需要规范的是那些不合规的企业。

（2）已有针对小微企业的税收优惠政策。在政策层面，政府已经为小微企业提供了诸多税收优惠政策。例如，在增值税方面，2023 年增值税小规模纳税人适用 3%征收率的减按 1%征收增值税；在企业所得税方面，小型微利企业年应纳税所得额 300 万元以下的企业所得税实际税负率为 5%。因此，小微企业已经有足够的优惠来减轻税务负担。

（3）地方与中央税收划分的问题。税收分为地方税和中央税。如果由平台直接代扣代缴，电商企业的税收将集中在一个地方缴纳，这会对扣缴地以外的地区造成不公平。因为各地需要通过税收收入来进行城市建设等公共服务。

（4）平台不愿意承担额外的责任和成本。即使税收制度有所调整，各大电商平台也不太可能愿意承担代扣代缴的管理成本。这样做不仅会增加平台的责任，还会提高管理成本。考虑到各大平台入驻的商家数量众多，分别进行代扣代缴的工作量非常大。因此，无论是从责任还是管理成本的角度考虑，平台都不会同意这一做法。

综上所述，电商企业想要实现税收合规，就需要自行主动申报。只有做好税务合规，企业才能规避风险，实现长期稳定的发展。

178. 淘宝店主可以自己给自己做记账报税吗?

粉丝张三夫妻二人经营一家店铺，年营业额在几十万到几百万之间。张三面临记账和报税的烦恼。如果将公司的财务交给代账公司处理，但张三担心支付费用以及财务数据的安全性。因此，张三想知道是否可以自己完成记账和报税的工作。

答案是肯定可以。

根据会计法的规定，现在已经取消了必须拥有会计证才能从事会计工作的要求。因此，无论是否持有会计证，都可以为自己的公司进行记账和报税。

此外，随着会计电算化的普及，记账和报税流程已经变得相当简单。首先，选择一款合适的记账软件至关重要。一旦选择了合适的软件，只需正确选择会计科目，并输入相应的金额即可完成记账工作。许多记账软件还支持一键生成财务报表的功能，大大简化了财务报告的编制过程。

至于报税流程，现在大部分数据可以直接从记账系统中引用，只需要确认相关金额的准确性即可。这使得报税工作变得更加便捷，即使是非专业人员也能轻松应对。

总之，对于这位粉丝的情况，他完全可以自己完成记账和报税的工作。通过选择合适的记账软件，学习基本的记账和报税知识，就可以有效地管理公司的财务事务。当然，在开始之前，我建议他咨询专业的会计师或税务顾问，以确保操作的合规性和准确性。

179. 11 种税务检查的证据链，您了解多少？

在日常工作中，我们在账务处理时必须保持证据链的完整性。不同科目所需的证据链略有差异。

以下列举了 11 种常见科目的证据链，供参考。

（1）存货取得（采购）合同

①物流单据

②验收单

③入库单

④采购发票

⑤支付凭证

⑥其他：采购计划、损耗审批意见

（2）固定资产采购合同

①物流单据

②验收单

③入库单

④采购发票

⑤支付凭证

⑥其他：采购计划

（3）应付账款采购合同

①物流单据

②验收单

③入库单

④采购发票

（4）应付账款核销银行单据

①委托收款书（第三方收款）

②债务重组协议

③无法偿还证明

④其他：往来对账函

（5）银行借款申请书

①借款合同

②银行审核证明

③银行回单

④资金使用分配表

⑤银行借款分析表

（6）应付职工薪酬签字工资单

①工资分配表

②银行支付证明

③社保/公积金支付收据

④个税税单

⑤其他：职工手册、用工制度、考勤记录、薪金计算方案

（7）应收账款销售合同

①出库单

②物流单据

③客户验收单

④销售发票

（8）应收账款核销银行回单

①收款收据

②委托收款授权书

（9）应收及预付款项坏账损失依据（国家税务总局公告〔2011〕25 号第二十二条）

①相关事项合同、协议或说明

②属于债务人破产清算的，应有人民法院的破产、清算公告

③属于诉讼案件的，应出具人民法院的判决书或裁决书或仲裁机构的仲裁书，或者被法院裁定终（中）止执行的法律文书

④属于债务人停止营业的，应有工商部门注销、吊销营业执照证明

⑤属于债务人死亡、失踪的，应有公安机关等有关部门对债务人个人的死亡、失踪证明

⑥属于债务重组的，应有债务重组协议及其债务人重组收益纳税情况说明

⑦属于自然灾害、战争等不可抗力而无法收回的，应有债务人受灾情况说明以及放弃债权申明

（10）收入销售合同

①出库单

②物流单据

③客户验收单

④销售发票

⑤银行回单

（11）成本结转计算表

①成本结转方法说明书

②其他：成本管理流程制度、成本管理台账、成本结构分析表

在实际工作中，证据链的完整性对于控制企业风险至关重要。无论是面对企业内部审计还是税务审查，完整的证据链都能发挥关键作用。因此，确保每个科目都拥有完整且准确的证据链是企业财务管理和合规操作的重要一环。

180. 用企业支付宝发工资和结算货款会引起缴税风险吗?

电商企业都喜欢用企业支付宝给员工发工资以及支付供应商货款，但用支付宝支付的工资与货款需要缴税吗?

使用公司支付宝发工资和结算货款是否需要缴税，主要取决于以下几个方面。

（1）合法性和合规性

公司必须遵守当地的税收法规，包括申报收入、支出以及相关税费。用人单位应当在税务机关注册并按照规定进行纳税申报。

（2）账户类型

如果公司是通过企业名义开立的支付宝发放工资或支付货款，那么这些交易通常会被视为正常的商业活动，相应的税费应按照规定缴纳。

（3）账册记录

工资发放金额、时间和方式等信息应在公司的财务账册中准确地记录下来。货款支付也应记录在企业的会计账簿中，并与采购发票等相关凭证匹配。

（4）税务发票

对于货物和服务的购买，应该要求供应商提供有效的税务发票，以证明已经依法缴纳了增值税。

发放工资时，虽然不需要开具发票，但需确保个人所得税被正确计算和扣缴。

（5）避税行为

若通过支付宝发放工资或支付货款的目的在于规避或减少应缴税款，则可能构成逃税或漏税，这是非法的。

因此，关键在于如何将这些交易记录在企业的财务报表中，并确保其符合税法的规定。只要公司能够正确核算和报告这些经济活动，并按时足额缴纳税款，就不涉及违法问题。然而，如果试图利用支付宝来隐瞒收入或者逃避税收，那就是违法行为。

181. 申报工资与实发工资为什么差距很大?

有些股东会疑惑：为什么申报工资与实发工资之间会有差异，而且差异还不小?

在理解工资发放和申报之间的差异时，一个具体的例子可以帮助我们更好地阐明这一现象。

假设我们有 A 公司，在 2022 年 5 月，A 公司应向其员工支付的总工资为 20 万人民币。然而，实际发放给员工的工资金额仅为 16 万人民币。

在这个例子中，我们可以看到以下几种情况导致了实发工资与申报工资的差异。

（1）代扣代缴个人所得税。公司从员工的工资中扣除了一部分作为个人所得税，这部分税款由公司代为缴纳给税务机关。在这个案例中，代扣代缴的个人所得税共为 0.5 万元。

（2）员工个人社保费用。公司也从员工的工资中扣除了他们应该承担的社会保险费，这些费用将用于员工的养老保险、医疗保险和其他社会保险。这个案例中，员工的个人社保费用共为 2 万元。

（3）公积金：公司还从员工的工资中扣除了他们的公积金供款，这是一种长期储蓄计划，旨在为员工提供住房和其他方面的福利。在这个案例中，公积金供款共为 1 万元。

（4）扣回替员工代垫的款项：如果公司在过去曾为员工垫付了一些费用，那么公司可以从员工的工资中扣回这些款项。在这个案例中，扣回的代垫款项共为 0.5 万元。

当公司进行工资计提时，它会记录一项管理费用，同时增加应付职工薪酬的负债。而当实际发放工资时，公司会减少应付职工薪酬的负债，并且记录相关的税费和其他扣款。

为了更好地理解这种差异，以下是工资发放和申报过程中的会计分录。

工资计提时：

借：管理费用—工资　　20万

　贷：应付职工薪酬—工资　　20万

实际发放时：

借：应付职工薪酬—工资　　20万

　贷：应交税费—个人所得税　　0.5万

　　其他应收款—社保个人　　2万

　　其他应收款—公积金　　1万

　　其他应收款—代垫款项　　0.5万

　　银行存款　　16万

最后，需要注意的是，工资申报是基于应发工资来进行的，而实发工资则是在扣除各种个人承担的扣款后剩余的部分。如果您的申报工资和实发工资之间存在差异，您可以检查以下几个可能的原因：

（1）代扣代缴的个人所得税是否正确计算；

（2）社保和个人公积金的扣款是否准确；

（3）是否有前期代垫款项或借款被扣回；

（4）是否还有其他未包含在此处的因素导致了差异。

182. 美工、运营注册个体户与公司合作，工资和社保怎么解决？

在电商行业中，美工和运营是两个重要的职能部门。一位老板提出了这样的疑问：当这两个职位的员工选择注册成为个体工商户并与原公司进行合作时，他们的工资和社保怎么解决呢？

这个问题可以从以下三个方面去分析。

首先，需要认识到这种转变可能存在合规性问题。如果美工和运营原本是公司的雇员，现在突然转变为个体工商户，并与公司建立合作关系，企业很容易被认为有意逃避缴纳社保的责任。

其次，如果是真正的合作关系，那么就不再涉及发放工资的问题，而是转变为合作方之间的费用结算。在这种情况下，个体工商户应自行购买社保或通过第三方社保代缴平台办理相关事宜。

最后，为了确保合作的有效性和透明度，双方必须保留交付成果的证据，如设计作品、运营数据等。

然而，我个人并不推荐这种操作方式。反而强烈建议大家一定要按时足额缴纳社保，即使按照最低标准缴纳也可以避免可能的罚款。同时要注意，员工的社保应该从入职的第一个月就开始缴纳，而不是等到几个月后才开始缴纳。

183. 电商公司有 50 人，怎么买社保合理?

电商公司的李老板提问：员工社保购买方式以及薪酬占比怎么选择最好?

针对这个问题，我们可以从以下几个方面进行解答。

首先，员工的劳动合同签署在哪个公司名下，就应该在该公司名下购买社保。因此，判断是集中购买还是分散购买社保的前提是看员工的劳动合同是与一个公司签订还是与多个公司签订。

其次，社保缴纳的核心原则是要与实际人员相匹配，与人数的关系并不大。但作为雇主，公司必须为员工购买社保，即使按照最低基数购买也比不购买要好，因为一旦被查到未按规定购买社保，将会面临行政处罚。

最后，关于员工支出和利润的比例，这并没有明确的标准。不同的行业可能会有不同的比例，关键是要确保公司的盈利。企业应该获得良好的收益，毕竟股东创业的目标是为了创造超过上班收入的收益。如果非要说一个普遍的员工支出比例，对于电商企业来说，根据整体成本考虑，大多数情况下，优秀的员工支出比例通常为 5%至 8%。

184. 员工不想买社保，应该怎么做才不违法?

开天猫店的小李最近有个疑惑：有些员工不想公司给其购买社保，想把公司应该承担的那部分社保费折现，这样做公司是否违法?

在员工不想购买社保的情况下，公司不能强制员工放弃购买社保，因为按照《劳动合同法》和相关法律法规的规定，为员工购买社保是企业的法定责任。即使员工同意不购买社保或者签订了自愿放弃购买社保的协议，这仍然是违法的。

如果企业希望避免这种违法行为，可以考虑将雇佣关系转变为合作关系。具体来说，可以通过以下方式实现。

（1）成立个体户。员工可以注册成为个体工商户，然后与公司签订业务合作协议。在这种情况下，双方不再构成劳动关系，而是商业合作关系。

（2）开具发票。作为合作伙伴，个体工商户可以为企业提供服务并开具发票，这样企业就可以支付服务费用而不是工资。

（3）重新约定工作内容。根据合作的需要，双方可以重新约定工作内容和任务。

（4）确保合规性。在转变成合作关系后，企业无须为个体工商户缴纳社保，但必须确保所有的操作符合税务和法律要求，包括但不限于正确申报税费、遵守合同条款等。

通过这种方式，企业可以合法地避免为员工购买社保，同时保持与员工的合作关系。然而，这种方法也存在一定的风险，例如，合作关系的不确定性以及可能增加的财务成本（如增值税）。因此，在决定是否采用这种方式之前，建议企业咨询专业的法律顾问或会计师进行评估。

185. 毛利率怎么计算?

近期，一位企业主询问我，如何正确计算企业的毛利率?

实际上，这个问题的答案相当简单，只需记住以下公式:（营业收入-营业成本）/营业收入×100%。

为了更好地理解这个概念，我们可以参考一个具体的例子。假设 A 电商企业销售一件商品，其不含税售价为 100 元，从供应商处采购的成本为 50 元。根据上述公式，该企业的毛利率计算如下。

毛利率=（100-50）÷100×100%=50%

与毛利率类似的另一个财务指标是净利率，也称为营业净利率。净利不同于毛利之处在于，它是在扣除所有间接费用、税金以及与销售商品相关的直接人工成本后剩余的利润。净利率的计算公式为:

净利率=（营业收入-营业成本-各项费用-税金）/营业收入×100%

在我们给出的例子中，假设各项分摊费用和税金总计为 30 元，则 A 电商企业的净利率可以这样计算:

净利率=（100-50-30）/100×100%=20%

毛利率通常被用来比较同一行业的不同公司。在相同毛利率的情况下，净利率较高的企业往往意味着它们具有更强的管理能力和盈利能力。这是因为这些企业能够更有效地控制间接费用和税金，从而提高整体盈利水平。

186. 客户不需要票，未开票的怎么做到合规节税？

在电商企业中，经常会出现客户不需要发票的情况。在这种情况下，如何做到合规节税呢？

我们首先来探讨一下合规问题，然后讨论节税方法。

在合规方面，有一种申报方式叫作未开票收入。许多财务人员都会进行此类操作。只要业务是真实的，就不必过于担心税务机关检查。因为对于电商企业的 B2C 经济业务，许多消费者并不需要开具发票，因此确认为未开票收入是可以的。税务机关最关注的是虚开发票的行为，但对于电商企业来说，由于其证据链非常齐全，通常不存在虚开发票的问题。即使面临税务机关的检查，也能清楚地解释情况，所以不必过于担心未开票收入的问题。如果没有开票，直接开具即可。有些平台如京东等会自动为消费者开具发票，这种情况下也不会出现问题。

接下来是节税问题。如何有效节税与企业的具体情况密切相关，如企业规模和所处行业等。在不了解这些信息的情况下，很难提供具体的建议。但一般来说，如果要完全合规，至少需要注意以下两个方面。

（1）确保进项或成本票充足。只有拥有充足的进项或成本票，才能降低税费成本。否则，税费成本可能会较高。

（2）合理提取企业利润。为了实现利润的合规提取，可能需要考虑改变合作模式等方法。这涉及许多具体细节，需要根据企业的实际情况进行选择。

总的来说，在合规的前提下，电商企业应尽可能利用合法手段减少税费支出，同时注意保持良好的财务管理，以确保企业的长期稳定发展。

187. 去年的交易还可以开票给客户吗?

假设您是一家电商公司的老板，一位客户在去年 8 月份购买了店铺的商品，现在他们要求开具发票。

这种情况的正解是：您需要为客户提供发票。

首先，根据平台的规定，无论是天猫、淘宝、京东还是拼多多等电商平台，商家都必须为消费者提供无限期开票的服务。过去，一些人可能认为淘宝 C 店和拼多多不需要开具发票，但现在的情况已经不是这样了。如果消费者要求开具发票，商家必须配合。如果不按照规定操作，可能会面临平台的处罚，甚至可能导致消费者退货，并由卖家承担所有费用。因此，对于消费者要求开具发票，商家必须遵守。

其次，关于是否可以为去年的交易开具发票的问题，答案也是肯定的。只要交易真实且发票的开具符合规定，就要为去年的交易开具发票。然而，需要注意的是，不能按照消费者的意愿随意调整金额，必须据实开票。

最后，如果您在去年将这笔交易作为无票收入处理，今年可以通过在税收申报时进行调整来解决。只需将这一单的金额单独列出来，那么整体缴税金额上不会有任何增加。

总的来说，不论何时何地，只要您出售商品或服务并收到款项，都应该根据税务法规的要求开具发票。对于客户的发票需求，商家应当积极回应，确保合规经营。

188. 残保金怎么取用工人数和年平均工资呢?

为了让大家更好地理解残疾人就业保障金的计算方法，现在以一个具体的场景为例来说明。

假设您是一家名为 A 公司的电商老板。2021 年，您的公司共有 50 名在职员工，工资总额为 300 万元人民币。按照规定，您需要计算并缴纳残疾人就业保障金。让我们一起看看如何计算。

首先，我们需要知道上年度用人单位在职职工人数。根据定义，这里指您在编的员工，或者与您签订了一年以上（包括一年）劳动合同的人员。如果您有季节性用工，需要将其折算成年平均用工人数。此外，如果您使用了劳务派遣工，那么他们应该计入派遣单位的在职职工人数。所以，在这个例子中，A 公司的年平均用工人数就是 50 人。

接下来，我们需要确定上年度用人单位在职职工年平均工资。这可以通过将上一年度的工资总额除以年平均用工人数来计算。在这个例子中，A 公司的年平均工资是 300/50=6 万元/人。

现在我们有了必要的数据，可以开始计算残疾人就业保障金。计算公式如下。

保障金年缴纳额=（上年用人单位在职职工人数×所在地省、自治区、直辖市人民政府规定的安排残疾人就业比例-上年用人单位实际安排的残疾人就业人数）×上年用人单位在职职工年平均工资

请注意，具体的比例和安排残疾人的要求会因地区而异。在这里，我们假设所在地区的政府规定企业应安排残疾人就业的比例为 1.5%。同时，假设您的公司在 2021 年实际上没有雇佣任何残疾人。那么，您应该缴纳的残疾人就业保障金将是：

保障金年缴纳额=（50×1.5%-0）×6=4.5（万元）

这就是 A 公司 2021 年度需要缴纳的残疾人就业保障金金额。

希望这个示例能够帮助您理解残疾人就业保障金的计算过程。

189. 残保金应该怎样申报缴纳?

每年的 8 月 1 日至 11 月 30 日，是企业需要申报和缴纳残疾人就业保障金（以下简称残保金）的时候。您知道您的公司是否需要缴纳残保金吗?

残保金是为了保障残疾人的权益，由未按照规定安排残疾人就业的机关、团体、企业、事业单位和民办非企业单位支付的资金。根据相关规定，这些机构应将残疾人就业的比例保持在不低于其在职职工总数的 1.5%。具体比例可能因各省市的实际情况而有所不同。

如果您的公司在职员工人数少于或等于 30 人，可以暂时免征残保金。但如果员工人数超过 30 人且符合某些条件，也可以享受减免政策。

假设 A 公司所在省份规定的比例为 1.5%，全年平均用工人数为 200 人，全年平均工资为 6 万元人民币。

（1）如果 A 公司招聘了 1 名残疾人，那么残疾人就业比例为 1/200 = 0.5%，低于 1%，因此需要按应缴残保金额的 90%缴纳。

年度缴纳金额 =（200×1.5%－1）×6×90% = 10.8（万元）

（2）如果 A 公司招聘了 2 名残疾人，那么残疾人就业比例为 2/200 = 1%，达到 1%但不高于 1.5%，需要按应缴残保金额的 50%缴纳。

年度缴纳金额 =（200×1.5%－2）×6×50% = 3（万元）

（3）如果 A 公司招聘了 3 名残疾人，那么残疾人就业比例为 3/200 = 1.5%，达到了所在省份的规定比例，所以不需要缴纳残保金。

以上依据来自《财政部 国家税务总局 中国残疾人联合会关于印发<残疾人就业保障金征收使用管理办法>的通知》（财税〔2015〕72 号）以及《财政部关于调整残疾人就业保障金征收政策的公告》（财政部公告 2019 年第 98 号）。

第九部分
电商财务的选择指标、股权相关问题

190. 电商会计月工作计划有哪些?

假如您是一位刚转行到电商行业的财务人员，您可能会对这个领域的会计工作感到陌生。下面列出了八项电商行业财务每月需要完成的工作供您参考。

（1）出具各渠道周报：每周需要统计各个店铺的销售利润报表，并确保数据及时准确。通常在8日、15日、22日和次月1日进行统计，这样可以借助月度报告来检查周报的准确性。周报可以发现并纠正店铺运营中的问题。

（2）编制各渠道月报：一般在每个月月初制作店铺月报（此时的数据可能仅是大致准确）。在结账后，应提供精确的财务分析报告，并验证周报和月报的准确性，如有未考虑的因素，可以及时调整。

（3）编制会计凭证及出具财报：与传统财务相比，电商的凭证入账有一些特殊的科目和记账方式，如推广费、刷单、收入成本确认、应收核对等。

（4）税务申报：与传统行业类似，建议先创建一个税费预测表，以了解何时控制哪些事项。

（5）发票开具和取得：包括给消费者开票、给渠道开票（如B2B收入发票、平台积分发票等）以及取得成本发票、推广费发票、运费险发票、平台扣费发票等。

（6）付款和报销审核：审查员工的报销申请和支付供应商的款项。

（7）快递对账：通常通过设置快递对账模板来进行快递费核对，主要核对订单号、快递重量和金额等。

（8）库存管理：小型企业可以通过表格记录进出库数据，或者使用 ERP 系统进行管理；中大型企业则需通过 ERP 系统进行采购入库、成本维护和其他出入库单据管理。定期盘点库存，并对各项指标进行分析。

希望这些信息能帮助您在电商财务领域快速上手！

191. 电商老板招财务，怎么去判断应聘者专业水平如何？

经常有电商公司的老板询问我：如何判断应聘财务人员的专业水平呢？他们担心会遇到看似专业但实际上并不了解业务的应聘者。那么，我教您几个简单而有效的方法可以助您做出判断。

（1）提出具体的电商场景问题。例如，价格如何拆分，产品、价格和运费应如何处理，积分发票如何开具等问题。如果应聘者曾经从事过电商财务工作，但对这些问题无法回答，那么他是不够专业的。反之，如果他能够回答这些问题，那么他很可能是一个合格的候选人。

（2）通过证书进行判断。虽然现在财会行业不再要求会计证，但拥有证书的通常比没有的要好。中级会计证书持有者的水平通常高于初级会计证书持有者，而CPA（注册会计师）证书持有者的水平则更高。总结来说，通过证书来判断，CPA的价值高于中级会计，中级会计高于初级会计，初级会计优于无任何证书的人。

（3）查看应聘者的过往工作经验。评估他们的职位是辅助性质的还是专职的。如果只是辅助人员，可能不太适合您的需求。

根据我们的面试经验，有些从代理记账公司出来的应聘者可能并不熟悉企业的具体业务，只按照收到的票据进行账务处理。因此，最好选择那些来自规模较大的贸易公司或电商公司的人才。您的公司如果有自己的工厂，最好再招聘一名具有工厂财务背景的员工，以便进行全面的财务管理。

总的来说，您需要通过一些指标、证书以及具体的问题来判断应聘者是否符合您的要求。如果您仍然不确定如何选拔人才，最简单的办法就是提供一份试卷让应聘者完成，以成绩来判断。

192. 做电商有必要招专门的财务吗？

作为电商企业的老板，您可能会问："是否需要招聘专门的财务人员呢?"我建议："在公司规模较小的时候，可能并不一定非得有专职的财务人员。然而，随着企业的发展壮大，拥有专门的财务团队是非常重要的。"

（1）合规性问题：作为一家电商企业，您需要确保财税合规。虽然可以使用代理记账服务来处理一部分工作，但很少代理记账公司能够完全保证账务的合规性。因此，如果您希望企业在财务方面做到合法合规，那么最好还是组建自己的财务人员。

（2）财务职能的多样性和重要性：财务不仅仅记录流水账和报税，他还进行财务数据分析、现金流管理、财政补贴申请等关键任务。如果您对这些领域不够熟悉，可以通过参加一些专业的电商财务培训课程来提升自己的能力。

（3）提高资金使用效率：任何一个企业的成功都离不开各个部门和岗位的协作。财务部门同样如此，如果没有专业的人才来管理财务，如何能提高企业的资金使用效率呢？现实中，我们常常看到很多企业看似盈利，但实际在年底一算账才发现亏损了。为了避免这种情况的发生，拥有一个高效的财务团队至关重要。

总结来说，尽管在创业初期，您可以依靠代理记账或其他方式来处理财务事务，但随着企业的发展，拥有一支专业的财务团队是必不可少的。他们不仅可以帮助您的企业保持财税合规，还能提供宝贵的财务分析和决策支持，从而推动企业的持续发展。

193. 公司没有财务能做财税合规吗？

公司没有财务是否要进行财税合规呢？答案是肯定的，无论公司是否有专门的财务人员，都需要遵守规定，合法纳税。

进一步地，如果一家小企业暂时没有财务团队，如何低成本地做到财税合规呢？

设想您是一家年营业额在500万元以下的小型电商企业老板。在这种情况下，建议您考虑使用核定征收的个体户作为经营主体，这样可以直接按照开票金额来计算税收，税负较低且易于计算。

许多不懂财税的老板可能会觉得记账和报税很复杂，于是选择将公司的账务交给代理记账公司处理。然而，这些代理记账人员通常需要同时管理几十甚至上百个客户的账目，平均到每个客户的时间其实很少。此外，纳税申报现在也变得简单了许多，市面上还有一些免费的财务软件可以帮助我们完成这些工作。如果您已经能够熟练掌握复杂的直通车和超级推荐等营销工具，相信您也能够学会基本的记账报税操作。一开始可以参加一些针对电商企业的记账报税实操课程，熟悉后您会发现这其实并不难，而且学会了还能省下每年几千元的代理记账费用。当您的企业发展壮大后，建议还是聘请专业的财务人员。他们不仅可以负责日常的会计工作，更重要的是可以参与到企业的经营决策中，如现金流管理、利润核算以及财务数据分析等。这些都是企业财务管理的基本需求，对企业的长远发展至关重要。

194. 老板怎么提高电商企业财务人员水平？

实际上，许多财务人员，特别是那些专注于会计工作的人员，可能并未充分发挥其潜力。然而，对于那些熟悉业务或税务的财务专家来说，他们的作用是显而易见的。作为企业所有者，如何提升财务团队的能力呢？我认为关键在于持续的学习和交流。

首先，大多数财务人员依赖于经验积累，但随着国家对财务和税务规定的不断更新，如果不持续学习，他们可能会逐渐落后。

其次，很多财务人员缺乏税务知识。尽管会计准则较为严格，但税务规定更为灵活，并且税率差异巨大。财务人员往往思维较刻板，面对需要灵活处理的情况时，有时难以适应。

最后，电子商务行业正在快速发展，但大部分电商企业规模较小且不够规范，如何做到合规经营，大部分财务人员可能不具备这样的规划能力。因此，如果您的公司有财务团队，应鼓励他们参加培训和交流活动，以提高他们的能力。毕竟，随着企业的壮大，财务管理的重要性将日益凸显。根据我的经验，店铺因未能规避财务风险和有效管理现金流而倒闭的案例不在少数，这进一步说明了拥有一个高效财务团队的重要性。

195. 个人借款给公司需要缴税吗?

个人将钱借给公司的情况可以分为两种：无偿借款和有偿借款。

假设您是一个电商企业家，正在考虑从朋友或家人那里借钱来维持您的企业。那么我们来看看这两种情况下的税务影响。

（1）无偿借款：在这种情况下，您没有支付任何利息或其他形式的回报给贷款人。

增值税：根据《财税〔2016〕36 号》文件附件一第十四条规定，除非这笔钱用于公益事业或者以社会公众为对象，否则这种行为可能被视为销售行为，并需要缴纳增值税。

个人所得税：根据《个人所得税法》第八条的规定，如果这笔交易不符合独立交易原则，或者不具有合理的商业目的，税务机关有权按照合理的方法进行纳税调整。

印花税：对于非金融企业之间的借款合同，通常不需要缴纳印花税。

（2）有偿借款：如果您愿意通过支付利息或其他形式的回报给贷款人，那么这就是有偿借款。

增值税：自然人从这项贷款中获得的利息应按照贷款服务缴纳增值税，个人应参照小规模纳税人的征收率计算并缴纳税款。

个人所得税：按照利息、股息、红利所得，需要按照 20% 的比例缴纳个人所得税。

印花税：这是非金融企业间的借款合同，因此无须缴纳印花税。

总结起来，无论您是从个人处得到无偿借款还是有偿借款，都不需要缴纳印花税。然而，在无偿借款的情况下，税务局可能会基于特定条件对增值税和个人所得税进行调整。在有偿借款的情况下，您需要承担增值税和个人所得税的义务。

196. 未分配利润很大如何减少?

未分配利润是企业在扣除所有必要的费用、弥补亏损并提取盈余公积金之后，剩下的可以自由支配的利润。企业可以通过以下四种方式来减少未分配利润。

（1）增资：假设您拥有一家电商企业，您可以选择将未分配利润转化为投资资本，增加公司的注册资本。这种情况下，财务记录会显示为：

借方：利润分配—未分配利润

贷方：实收资本

（2）利润分配：如果您决定向股东分发利润，根据《企业所得税法》的规定，符合条件的居民企业之间的股息和红利等权益性投资是可以免征企业所得税的。然而，如果公司制的企业要将利润分配给个人股东，这些股东则需要缴纳20%的分红税。在进行利润分配时，账务处理如下：

借方：利润分配—未分配利润

贷方：应付股利

（3）日常生产经营：企业还可以通过影响损益类项目来减少未分配利润，比如，加大市场营销投入或者提高员工福利等。

（4）投资：企业可以选择购买固定资产或无形资产，并通过折旧、摊销、资产减值等方式逐渐减少未分配利润。

需要注意的是，仅仅因为未分配利润较多而将其用于日常生产经营或投资可能会增加企业的成本，这可能与企业的经营目标不符。通常来说，增资和利润分配是更适用的减少未分配利润的方式。

197. 从财税角度来说，什么样的股权结构最适合电商企业?

赵老板是一家公司的唯一实际股东，他的公司经营着四个不同的天猫店铺，年营业额超过一亿。他想了解如何调整股权结构会更好。

虽然我们可以从多个角度来考虑股权问题，如控制权和员工激励等，但这次我们只从财税合规的角度考虑这个问题。

首先，将所有店铺放在同一个主体下是有风险的。如果其中任何一个店铺出现问题或遭到举报，其他店铺也会受到影响。因此，建议将每个店铺绑定到不同的公司作为各自的主体。

其次，并不推荐家庭成员直接持有店铺主体公司的股份。在设立家族企业时，需要提前规划好股权结构和分配方式，这样有利于我们在利润分配时选择最优方案以减少股东的个人税负。因此，一个合理的做法是，通过成立1~2个有限合伙企业来分别持有这4个公司的股权。这样做既能避免风险，又符合优化股东个人税负的目标。

最后，用1~2个核定征收的个体户来处理企业的外包工作。这既能保证操作的合法合规，又能降低成本。毕竟，要把公司的钱转到老板的私人账户，需要缴纳一定的个人所得税。这样才能以最低的成本、最合规的方式来实现这一目标。

198. 夫妻或兄弟姐妹作为店铺主体公司股东，如何设计合理的架构？

李总和自己的妻子以及兄弟姐妹共同经营一家电商店铺，并且作为主体公司的股东。在设计组织架构时，李总需要考虑两个主要目标：一是避免对外风险（如涉税问题），二是防止内部管理纠纷。

基于这两个目标，我建议如下。

（1）夫妻创业：如果李总和李总的妻子一起创业开店，直接由两人持股是可以的。但需要注意的是，如果出现涉税问题，两人的个人银行流水可能会被视作公司收入，需要提供解释。因此，我的建议是在实际运营的公司之上设立一层合伙企业进行持股，其中一方作为普通合伙人（GP），另一方作为有限合伙人（LP），只负责出资。当然他们是夫妻，拥有结婚证，但在没有特殊约定的情况下，股份比例通常被认为是 50%：50%。

（2）兄弟姐妹创业：如果大家沟通良好，可以直接共同持股。但是，如果有的人出钱又出力，有的人只出钱不出力，那么可以设置股权池，在后期根据贡献分配股份。为了避免只出钱不出力的人承担过多经营风险，也可以考虑成立合伙企业来持股。

（3）多个店铺：如果有多个店铺，建议采用三层结构——持股公司、品牌管理公司以及实际店铺运营公司。这样做的好处是，如果一个店铺出现问题，不会影响到其他店铺的正常运营。

总之，无论我们是与配偶还是兄弟姐妹合作，都需要在设计组织架构时充分考虑到潜在的风险和内部管理问题，确保结构合理。这样才既能保护各方权益，又能有效地降低风险。

199. 淘宝C店和拼多多店铺销售额超千万，如何设计架构降低税负？

李总是一家多平台、多店铺的电商企业老板，他的淘宝C店和拼多多店铺销售额已经超过了千万元。在享受更多市场资源的同时，他也面临着因多个店铺捆绑同一主体而带来的问题，如税负规划困难、税务核算不清以及无法充分利用国家政策等。

针对这种情况，我提供了一些建议。但要明确的是，降低税负必须遵守法律规定，不得采用非法手段进行逃税或避税。在合理合法的前提下，可以考虑以下措施来降低税负。

（1）优化销售结构：尽量让每个店铺都有自己的经营主体，避免销售额集中在某个店铺或销售渠道，从而降低单个店铺的税负。

（2）重新设计业务组织架构：可以考虑设立一个采购公司，然后由这个公司为各个店铺供应货物。这样操作可以把利润留在采购公司，各店铺绑定的主体公司所留利润不多，通过转移利润实现节税。

（3）充分利用税收优惠政策：密切关注国家及地方的税收政策，并合理使用税收优惠措施。比如，采购公司建议设在能够享受税收优惠政策的园区或返税园区，以达到节税的目的。另外，也可以在多个采购集中地分别设立采购公司，既享受当地政策，同时又能享受小微企业的税收优惠政策，从而最大程度降低整体税负。

当然，还可以采用适当的股权控制结构来持有它们的股份。例如，请其他人代持股权，这也是我们在商业规划中常用的一种手段。

200. 让他人当股东、法人代表要注意什么问题?

李总是一个年销过亿的电商企业老板，他自己不想当店铺主体公司的股东、法人代表，那如果让别人来做公司的股东、法人代表有没有特别需要注意的事项呢？结合各种案例经验之后，我给出了以下三种建议。

（1）控制好跟钱相关的事项。试想一下，公司的股东、法人代表都变成了别人，他们则比较容易能将公司的资产进行转移。因为公司经营的有些事项办理要求法人代表办理，很多公司的事情，作为股东、法人代表操作起来就比较方便。

（2）保管好企业的公章。在生产经营的过程中很多时候都涉及加盖公章。因此公章要保管好，自己要对加盖公章的事情会有所了解，不会盲目地委托他人直接盖章，不然出了问题都不知道。

（3）签订好代持协议。请别人做公司股东，一定要事先签好代持股协议，约定好双方的权利及义务，避免后期因为一些经济利益产生纠纷。

以上三点是他人代持股需要注意的事项，如果自己不想作为公司股东显露在公司名册上，可以通过代持股协议来约定他们代持，自己则要知道风险点及相关注意事项。